CHRISTIAN SEEGER

FAIRKAUFT.

DIE GEHEIMNISSE HINTER ECHTER VERSICHERUNGSBERATUNG.
WIE KUNDEN BEKOMMEN, WAS SIE BRAUCHEN.
UND VERMITTLER DAS VERTRAUEN, DAS SIE VERDIENEN.

ForwardVerlag

ForwardVerlag

FAIRKAUFT.

**DIE GEHEIMNISSE HINTER ECHTER VERSICHERUNGSBERATUNG.
WIE KUNDEN BEKOMMEN, WAS SIE BRAUCHEN.
UND VERMITTLER DAS VERTRAUEN, DAS SIE VERDIENEN.**

Imprint der Verlagsgruppe StudyHelp GmbH, Paderborn
www.forwardverlag.de

1. Auflage

Autor: Christian Seeger

Lektorat & Korrektorat: Petra Glitzner
Kontakt: info@forwardverlag.de
Umschlaggestaltung: @magier
Druck: mediaprint solutions GmbH

Disclaimer / Haftungsausschluss

Das Werk inklusive aller Inhalte wurde unter größter Sorgfalt era beitet. Der Verlag übernimmt jedoch keine Gewähr für die Akt lität, Korrektheit, Vollständigkeit und Qualität der bereitgestell Informationen. Druckfehler und Falschinformationen können n vollständig ausgeschlossen werden.

ISBN 978-3-98755-171-0

»SEIEN WIR ALSO VERTRÄGLICHER MITEINANDER«

- SENECA -

WAS DICH IN DIESEM BUCH ERWARTET

WIDMUNG

Ich widme dieses Buch allen Versicherungsvermittlern, Mitarbeitern von Versicherungsunternehmen und allen Menschen der Versicherungsbranche, die weit mehr tun, als lediglich Existenzen abzusichern. Sie handeln aus Überzeugung, getragen von Integrität, Menschlichkeit und dem ehrlichen Wunsch, das Bild der Versicherungsbranche neu zu gestalten. Für all diejenigen, die mehr sehen als nur Zahlen, Tarife, Policen, Provisionen oder Urkunden.

Dieses Buch ist auch all jenen Versicherungskunden gewidmet, die sich - trotz aller Skepsis - bewusst für Vertrauen entscheiden: für Partnerschaft auf Augenhöhe und Sicherheit statt Zynismus. Es richtet sich an Menschen, die verstehen, dass echte Absicherung Mut, Selbstverantwortung und Weitblick erfordert.

Ich widme dieses Buch meinen Töchtern und allen Kindern auf der Welt, damit sie in einer Gesellschaft aufwachsen, in der Absicherung kein Pflichttermin, sondern ein Zeichen gelebter Fürsorge ist. Möge dieses Buch ein Beitrag sein, das Bewusstsein für Verantwortung, Vertrauen und Miteinander zu schärfen.

Und schließlich widme ich dieses Buch Dir, dem Leser. Du wirst auf diesen Seiten nicht nur Erkenntnisse finden, Du wirst möglicherweise Dich selbst finden. Nicht nur Worte, stattdessen Wirkung.

HINWEIS DES AUTORS

Dieses Buch wurde nach bestem Wissen und Gewissen verfasst. Die zehn Interviews, die in die Erzählung eingeflossen sind, wurden in enger Zusammenarbeit mit echten engagierten Versicherungsberatern aus zehn unterschiedlichen Unternehmen geführt – mit ausdrücklichem Einverständnis aller Interviewpartner.

Die dargestellten Geschichten von den beiden Protagonisten Tom und Lina sind bewusst erfunden. Sie dienen der Veranschaulichung und sind das Ergebnis einer kreativen Verdichtung realer Erfahrungen. Die erzählte Geschichte verbindet authentische Impulse mit fiktionalen Elementen, um die Essenz dessen greifbar zu machen, worum es in diesem Buch wirklich geht: Vertrauen, Verantwortung und Veränderung im Vertrieb, in der Beratung und im eigenen Denken. Die Methode des Storytellings wurde bewusst gewählt. Denn während Zahlen und Fakten viel erklären, berühren echte Geschichten. Sie eröffnen Räume für Erkenntnis, Perspektivwechsel und neue Möglichkeiten. Das Ziel besteht darin, die Inhalte nicht nur verständlich, sondern auch fühlbar zu machen. Vor allem sollen sie in den eigenen Alltag übertragbar sein. Dies gilt unabhängig davon, ob Du als Kunde, Berater oder als Mensch zwischen diesen Rollen durchs Leben gehst.

Möge dieses Buch nicht nur Denkanstöße liefern, sondern auch Mut machen: Mut zu echten Begegnungen, zu echter Beratung und zu einem neuen Selbstverständnis im fairen Umgang mit Absicherung, Zukunft und Miteinander. Vielleicht ist genau das der wichtigste Beitrag, den wir leisten dürfen.

DANKSAGUNG

Von Herzen danke ich Dir, lieber Gott, für das Leben, die Kraft und den inneren Ruf, Menschen auf ihrem Weg zu begleiten. Und dafür, in dieser Branche für mehr Vertrauen, Sicherheit und Menschlichkeit wirken zu dürfen.

Mein tiefster Dank gilt meiner Familie. Ihr seid mein Fundament, meine Motivation, mein Antrieb. Ohne Eure Liebe, Eure Geduld und Euren Rückhalt hätte ich dieses Buch nicht schreiben können. Ihr habt mir nicht nur Zeit geschenkt, sondern auch Zuversicht. Nicht nur Raum, sondern auch Richtung.

Ein großes Danke an alle Mitwirkenden, Unterstützer und Netzwerker, die dieses Projekt möglich gemacht haben, und besonders an Euch, lieber Albert, lieber Peter und liebe Interviewpartner: für Eure Offenheit, Eure Perspektiven und Euren Glauben an dieses Buch. Ihr zeigt, was möglich ist, wenn echte Beratung auf echte Menschen trifft. Ihr seid Pioniere, Mentoren und Vorbilder für mich und die vielen anderen, die in dieser Branche täglich ihr Bestes geben. Es ist mir eine Ehre, dass Ihr Teil dieses Buches seid.

AN DICH ALS LESER:

Schreibe die Versicherungswelt nicht ab.

Schreibe sie um.

ÜBER DEN AUTOR

Darf ich mich kurz vorstellen?

Ich bin einer von Euch – liebe Vermittler, liebe Kunden. Kein Überflieger, kein Besserwisser. Ich habe die Weisheit nicht mit Löffeln gefressen und auch sonst nichts Außergewöhnliches zu bieten, außer vielleicht eines: echtes Interesse am Menschen. In meinem Alltag nehme ich viele Rollen ein: neben meinen zahlreichen beruflichen auch die als zweifacher Familienvater und Ehemann. Aber ganz gleich, welche Rolle ich gerade ausfülle: Am Ende bin ich wie Du ein Mensch. Und genau so möchte ich Dir begegnen. In diesem Buch. Und wenn sich unsere Wege kreuzen, auch darüber hinaus.

Verkaufen mit Haltung, Wirkung und maximalem Praxisbezug – das ist mein Weg. Seit fast zwanzig Jahren bin ich in der Versicherungsbranche zu Hause. Ich war im klassischen Außendienst tätig und arbeite heute als Verkaufscoach und -trainer, Dozent und Experte für Verkaufspsychologie. Darüber hinaus bin ich Buchautor. Die Basis dafür sind echte Praxiserfahrung, fundierte Aus- und Weiterbildung sowie ein Studium und eine klare Mission: Verkauf neu zu denken. Nicht als Druck oder Produktplatzierung, sondern als Dialog auf Augenhöhe. Als Gewinn für beide Seiten – Vermittler und Kunde.

WAS BRINGT ES DIR, DIESES BUCH ZU LESEN – ALS VERMITTLER ODER KUNDE?

Du findest hier keine leeren Worthülsen. Kein Gelaber. Keine theoretischen Floskeln. Sondern praxisnahes Wissen aus fast zwanzig Jahren Erfahrung in der Versicherungsbranche, kombiniert mit persönlicher Entwicklung, Reflexion, Verkaufspraxis und echten Geschichten aus dem Alltag.

Ich heiße Christian Seeger, geboren am 18. Dezember 1986 in Iserlohn. Gemeinsam mit meiner Frau und unseren beiden Töchtern lebe ich im Sauerland, zwischen Ruhrgebiet und Rothaargebirge.

Mitten im echten Leben. Ich bin Verkaufscoach, Dozent und Vermittler, aber vor allem bin ich ein leidenschaftlicher Begleiter auf dem Weg zu professioneller und fairer Kundenberatung.

Seit 1986 sammle ich Lebenserfahrung und seit fast zwei Jahrzehnten Branchenerfahrung. Dieses Buch ist meine Einladung, beides zu verbinden – für ein neues Denken im Vertrieb. Und für mehr Vertrauen im Umgang mit Absicherung.

WAS TREIBT MICH AN?

Fairantwortung. Für die Branche. Für den Menschen. Für die Zukunft. Ich unterstütze Versicherungsvermittler dabei, fachlich und methodisch exzellent zu werden – mit Trainings, Coachings, Videos, Tools und Klartext. Gleichzeitig helfe ich Kunden, sich zu orientieren und fundierte Entscheidungen zu treffen.

Meine Bücher *HABEN kommt von MACHEN* und *Die AntiVersicherungsfuzziFormel*. sowie unzählige Lernvideos für Vermittler zeigen, wie tief mein Herz für diese Branche schlägt und wie sehr ich daran glaube, dass echter Verkauf nicht manipuliert, sondern verbindet. Denn: Verkauf darf keine Einbahnstraße sein. Er muss auf Gegenseitigkeit beruhen – auf Fairtrauen, Fairstehen, Ehrlichkeit und Klarheit. Oder wie ich es nenne: **FAIRKAUFT**. Darüber hinaus findest Du mich auch in zahlreichen Lernvideos, die speziell für die Zielgruppe der Versicherungsvermittler konzipiert sind. Mithilfe meiner Bücher, Online- und Offline-Verkaufscoachings, Kommunikationstrainings, praktischen Kundengesprächen sowie digitalen Lernformaten durfte ich bereits Tausende Vermittler auf ihrem Weg begleiten – sei es beim Ausbau ihrer Fach- und Methodenkompetenz, bei der Stärkung ihrer Persönlichkeit oder beim nachhaltigen Verbessern ihrer Verkaufsleistung und Kundenerlebnisse.

Wie es der große Violinpädagoge Zakhar Bron so eindrücklich formulierte: »Ein Diamant leuchtet nur, wenn er geschliffen ist.« Genauso sehe ich, auch als Unternehmensinhaber von *feinschliff*

– *Die FairkaufsManufaktur*, meine Lebensaufgabe: Menschen im Vertrieb den letzten Feinschliff zu geben – fachlich, methodisch und menschlich.

Wenn auch Du Lust hast, Dein Potenzial weiter zu entfalten und an Deiner verkäuferischen Exzellenz zu arbeiten, dann lade ich Dich herzlich ein, Dir auf meiner Website weitere wertvolle Impulse und Informationen zu holen. Ganz unverbindlich, aber mit der klaren Absicht, Dich auf Deinem Weg zu stärken. Den QR-Code zu meiner Website findest Du am Ende dieses Buches auf Seite 232.

WAS DIESES BUCH BEWIRKEN SOLL

Ich möchte eine Brücke bauen zwischen dem »Fairmittler« und dem »Fairbraucher«. Weg von alten Vorurteilen. Weg von dem Missverständnis, dass Verkauf nur dem Verkäufer nutzt. Hin zu echter Begegnung, zu echter Beratung, zu echter Wirkung. **Verkauf darf sich gut anfühlen. Für beide Seiten.** Und darüber hinaus ist es an der Zeit, der Versicherungsbranche einen neuen Ton zu geben: einen modernen Touch, ein menschlicheres Image, mehr Nähe, mehr Klarheit. Wie das möglich ist, erfährst Du am Ende dieses Buches.

Jetzt aber genug zu mir. In diesem Buch geht es um **Dich**. Egal, ob Du Kunde bist oder Vermittler: Dieses Buch ist eine Einladung an Dich – zu mehr Klarheit, mehr Fairbindung, mehr Menschlichkeit. Und vielleicht auch zu einem kleinen Funken Veränderung.

NOCH ZWEI HINWEISE

Zum Stil

Ich habe mich ganz bewusst für die Du-Form entschieden, weil ich mit Dir auf Augenhöhe sprechen möchte. Weil es in diesem Buch um fairtraute Begegnung geht, nicht um Abstand. Außerdem verwende ich die männliche Form im generischen Sinn. Selbstverständlich sind damit alle Menschen gemeint, unabhängig von ihrem Geschlecht oder ihrer Herkunft.

Und noch etwas wird Dir beim Lesen auffallen: Der eine oder andere Begriff klingt vielleicht etwas fairändert: *Verkaufen* wird zu *fairkaufen*, *Verbraucher* zum *Fairbraucher*, *Vertrauen* zu *Fairtrauen* usw. Ein kleines sprachliches Augenzwinkern – mit großer Bedeutung. Denn Worte wirken. Und manchmal beginnt Fairänderung genau dort. In der Sprache. Im Denken. Im Gespräch.

Zur Auswahl der Interviewpartner

Die in diesem Buch porträtierten Unternehmen und Fairmittler wurden mit großer Sorgfalt und aus tiefer Überzeugung ausgewählt. Sie stehen beispielhaft für herausragende Entwicklungen, besondere Haltung, innovative Ansätze und eine klare Kundenorientierung in der Versicherungswelt.

Die Auswahl erfolgte nicht im Sinne einer Wertung oder eines Rankings, sondern mit dem Ziel, inspirierende Stimmen und Erfolgsgeschichten zu teilen – Geschichten, die aus der Praxis heraus wirken: nahbar, menschlich, FAIR.

Grundlage dieser Auswahl waren persönliche Empfehlungen aus Netzwerken innerhalb der Branche und vor allem die Bereitschaft der Unternehmen und Fairmittler, offen und authentisch Einblicke in ihre Arbeit zu geben. Sie repräsentieren einen Querschnitt erfolgreicher und engagierter Persönlichkeiten, sei es als Makler oder Ausschließlichkeitsagent.

Dass nicht alle großartigen Persönlichkeiten und Unternehmen dieser Branche in diesem Buch zu finden sind, liegt nicht an mangelnder Wertschätzung – im Gegenteil. Dieses Buch versteht sich als Auftakt. Es zeigt, **was möglich ist**, wenn Haltung, Fachlichkeit und Methodik miteinander wirken.

DEIN CHRISTIAN

VORWORT DR. ALBERT KITZLER

»Meine Freundlichkeit machte aus meinen Feinden meine Anhänger«, heißt es in einem ägyptischen Papyrus, der mehr als dreitausend Jahre alt ist. Er steht stellvertretend für eine zentrale Einsicht, die sich in vielen Weisheitstraditionen im Orient und Okzident wiederfindet. Wer ein gutes und glückliches Leben führen möchte, der hat vor allem darauf zu achten, dass er in all seinen Lebensbereichen friedliche, zugewandte und nährende zwischenmenschliche Beziehungen herstellt und aufrechterhält. Das Glück eines Menschen liegt im Gelingen seiner zwischenmenschlichen Beziehungen. Denn stärker noch als der Wunsch nach Erfolg, Ansehen und Wohlstand ist das Bedürfnis nach Verbundenheit mit anderen Menschen. Diese Verbundenheit aber ist die Frucht eines wohlwollenden, freundlichen, authentischen und mitfühlenden Verhaltens gegenüber anderen Menschen. Der römische Philosoph und Schriftsteller Seneca fragt: »Wie könnte irgendjemand glücklich leben, der immer nur an sich und seinen persönlichen Vorteil denkt?«, und fährt fort: »Für einen anderen musst Du leben, wenn Du selbst leben willst.«

Wo aber ist die Forderung nach einem verständnisvollen und gelingenden Miteinander dringender als im geschäftlichen Verkehr, beim Kaufen und Verkaufen, wenn unterschiedliche Interessen aufeinandertreffen und ein Ausgleich gesucht wird, mit dem beide Seiten zufrieden sind? Wie oft werden aus subjektiver Einseitigkeit, mangelndem Verständnis für die andere Seite und Profitgier Gerechtigkeit, gute Umgangsformen und ein fairer Interessenausgleich missachtet, ja bisweilen mit Füßen getreten. Das natürliche und von unserem Wirtschaftssystem beförderte Streben nach Gewinnmaximierung und Besitzvergrößerung verführt die Menschen nur allzu oft, im Geschäftsleben vom rechten Pfad abzuweichen, ihre selbstsüchtigen Interessen rücksichtslos durchzusetzen und die andere Seite zu übervorteilen. Wie hilfreich ist es da, wenn besonders in jenen Geschäftsfeldern, in denen diese Gefahr besonders groß ist, sich die Branchenangehörigen darauf besinnen, wie notwendig es für einen nachhaltigen

Erfolg ist, sich an ethische Standards zu halten, sie zu definieren, zu verinnerlichen und tagtäglich zu praktizieren. Unrechtmäßiger Erfolg hat kurze Beine, und irgendwann erhält jeder auf die eine oder andere Weise die Quittung für das, was er getan hat. Die alten Griechen sagten, dass Dike, die Göttin der Gerechtigkeit, durch die Lande zieht und jedes Unrecht irgendwann bestraft und ausgleicht.

Dass Dike möglichst wenig zu tun bekommt, dass man auch auf rechtschaffende Weise Erfolg haben kann und nachhaltiger Erfolg nur auf diesem Weg zu erzielen ist, dass auch im geschäftlichen Verkehr, beim Kaufen und Verkaufen, durch einen respektvollen, verständnisvollen, zugewandten, aufrichtigen und fairen Umgang miteinander angenehmere Begegnungen und bessere Ergebnisse zustande kommen, dafür plädiert das wichtige Buch *FAIRKAUFT.* von Christian Seeger. Dieses Buch ist für eine Branche geschrieben, die im Ruf steht, dass es dort nicht selten zu Grenzüberschreitungen, Zudringlichkeiten und unangenehmen Verkaufsgesprächen kommt. Dass dies weder nötig noch zielführend ist, zeigt dieses Buch anhand von Interviews und erhellenden Fallbeispielen. Die Ausführungen sind von einem Ethos und einer Humanität geprägt, die nicht nur für die Versicherungsbranche, sondern für alle Geschäftsbereiche Gültigkeit beanspruchen können. Es wäre wünschenswert, wenn möglichst viele Menschen, die ihre Geschäfte im unmittelbaren Kundenkontakt abschließen, dieses Buch lesen und beherzigen würden. Das würde nicht nur sie selbst glücklicher und zufriedener machen, sondern auch unser geschäftliches Miteinander angenehmer, friedvoller und menschlicher gestalten. Und es wird, wie dieses Buch eindringlich und überzeugend darlegt, auf lange Sicht für den Verkäufer ebenso wie für den Kunden erfolgreicher sein. In einem der ältesten Weisheitsbücher der Menschheit, dem chinesischen *I Ging*, dem *Buch der Wandlungen*, lesen wir: »Mitmenschlichkeit bedeutet, dass wir einen Zugang zum anderen finden.«

ALBERT KITZLER

Dr. Albert Kitzler ist ein deutscher Philosoph, Buchautor, ehemaliger Rechtsanwalt und Filmproduzent. Unter dem Namen »MASS UND MITTE« gründete er 2010 in Berlin eine philosophische Schule für antike Lebensweisheit. Sowohl in seinen zehn veröffentlichten Büchern als auch in seinem Podcast »Der Pudel und der Kern«, welcher mit über 160 Folgen zu einem der meistgehörtesten philosophischen Podcasts im deutschsprachigen Raum gehört, beschäftigt er sich mit der Frage nach dem gelingenden Leben. Als Filmproduzent erzielte er seinen größten Erfolg mit dem Kurzfilm *Schwarzfahrer* von Pepe Danquart, der weltweit über sechzig Preise erhielt und im Jahre 1994 mit einem Oscar ausgezeichnet wurde.

PROLOG

Wir kennen sie doch alle, die guten alten Floskeln:

»DAS BRAUCHE ICH NICHT!«

»ICH WILL IHNEN GAR NICHTS VERKAUFEN!«

Das sind keine harmlosen Sätze. Es sind Schutzmechanismen. Sie entstehen aus Angst, aus Misstrauen, aus schlechten Erfahrungen. Und sie führen zu schlechten Entscheidungen, im schlimmsten Fall zu existenziellen Katastrophen. Diese Sätze zeigen aber noch etwas anderes: **Die emotionale Trennung zwischen Kunden und Vermittlern.** Und genau hier setzt dieses Buch an. Es baut Brücken. Es bringt zwei Welten zusammen, die viel zu lange aneinander vorbeigeredet haben.

Dieses Buch ist **kein typisches Verkaufsbuch**. Und auch kein Ratgeber voller Tabellen, Gesetzestexte oder Fachchinesisch.

Es ist ein ehrliches Buch über menschliches Fairhalten – und darüber, was passiert, wenn wir Risiken verdrängen, wenn wir Angst davor haben, Dinge anzusprechen oder wenn wir etwas (ver-)kaufen, das höchstens einer Seite nutzt. Du hältst ein Buch in den Händen, das Dich vielleicht herausfordern wird. Es wird Dich ärgern. Es wird Dich provozieren. Und – wenn Du offen bist – wird es Dich verändern. Denn in diesem Buch geht es um weit mehr als Versicherungen. Es geht um Selbstfairantwortung. Es geht um Fairtrauen. Und es geht um eine Branche, die jahrzehntelang als notwendiges Übel belächelt wurde, aber in Wahrheit über Lebensqualität, Existenzen und Zukunft entscheidet.

Du begleitest zwei Menschen:

Versicherungsvermittler Tom, der lernen musste, dass Vertrauen nicht verkauft, sondern verdient wird.

Versicherungskundin Lina, die glaubte, gut abgesichert zu sein – bis das Leben sie eines Besseren belehrte.

Ihre Geschichten sind fiktiv, aber realer, als uns lieb ist. Ihre Perspektiven sind unterschiedlich, das macht sie gleich.

EIN BUCH ÜBER HALTUNG – NICHT ÜBER HOCHGLANZBROSCHÜREN

Wir leben in einer Welt, in der immer mehr Informationen verfügbar sind – und gleichzeitig immer weniger echte Orientierung. Menschen haben keine Lust mehr auf aufgesetzte Verkaufsgespräche. Sie suchen nach Beratern, die zuhören. Die ehrlich sind. Die Haltung haben.

FAIRKAUFT. ist deshalb kein Produktansatz, sondern ein Menschenansatz. Es steht für:

- Fairstehen statt Überreden
- Fairtrauen statt Taktik
- Fairbindlichkeit statt Verkaufsdruck

Dieses Buch zeigt, wie eine Branche mit angeknacktem Image zu einem Ort echter Fairbindung werden kann, wenn Kunden und Fairmittler endlich wieder ehrlich miteinander sprechen.

Zehn exklusive Interviews mit langjährigen Top-Fairmittlern aus zehn renommierten Unternehmen beweisen eindrucksvoll: Fairtrauen ist kein Zufall – es ist eine Haltung. Diese Profis öffnen ihre Schatzkisten: Sie teilen ihre erprobten Strategien, ihre tiefsten Learnings und ihre ganz persönlichen Fairkaufsgeheimnisse – radikal ehrlich, praxisnah und ungeschönt. Solche Einblicke bekommst Du sonst nur in Coachings, Seminaren oder Mentoring-Programmen, die Dich Tausende Euro kosten. In diesem Buch bekommst Du sie geschenkt – ungefiltert und direkt aus der echten Beratungspraxis.

FÜR WEN IST DIESES BUCH?

- ✔ Für Kunden, die endlich fairstehen wollen, was sie wirklich brauchen – und warum.
- ✔ Für Vermittler, die fairkaufen wollen, ohne sich dabei zu verbiegen.
- ✔ Für jeden, der Verantwortung in Bezug auf seine Absicherung übernehmen möchte – für sich, seine Familie und seine Zukunft.

BEREIT FÜR KLARTEXT?

Dieses Buch ist kein Zaubertrick. Es ist ein Spiegel – und vielleicht der unbequemste, den Du je in der Hand gehalten hast. Ein Spiegel, der Dir zeigt, wo Du wirklich stehst – nicht, wo Du gerne wärst. Der Dir offenlegt, was Du bisher verdrängt, verschoben oder schöngeredet hast. Und der Dir eine Entscheidung abverlangt: Wegschauen oder endlich hinsehen. Denn es geht hier nicht um ein paar Prozent mehr Abschlussquote. Nicht um ein »bisschen besser abgesichert«. **Es geht um etwas Wichtiges.** Um Sicherheit oder Unsicherheit. Um Fairtrauen oder Verkaufsdruck. **Um Existenzen (von Beratern und Kunden) – vielleicht auch um Deine.**

Was Du in diesem Buch liest, kann alles verändern – wenn Du bereit bist, nicht nur zu konsumieren, sondern umzudenken. **Für Dich als Kunde. Für Dich als Vermittler. Für Dich als Mensch.**

Willkommen bei einer neuen Art von Versicherungsberatung.

Willkommen bei *FAIRKAUFT*.

HINWEIS ZUR ORIENTIERUNG BEIM LESEN

Am Ende eines Abschnitts zu einer Story von Lina oder Tom findest Du als kleine Orientierungshilfe immer das folgende Symbol. Es zeigt Dir, dass sich nun der Protagonist ändert.

Damit Du Dich besser zurechtfindest, siehst Du oben in der Ecke auf der Seite immer die jeweiligen Anfangsbuchstaben der einzelnen Protagonisten oder das Symbol für das Magazin:

Versicherungsvermittler Tom (Fairmittler)

Versicherungskundin Lina (Fairbraucherin)

Magazin ***Fairmittler.***

Optional: Am Ende jedes Abschnitts bist Du herzlich eingeladen, Dir zwei Dinge bewusst zu machen:

1. Was war Dein wichtigstes Learning?
2. Und was ist Dein wichtigstes To-do daraus?

Schreib es Dir auf. Denn Erkenntnis ist der erste Schritt. Umsetzung der zweite. Beides gehört zusammen, fairbindlich.

Mein wichtigstes Learning

Mein wichtigstes To-do

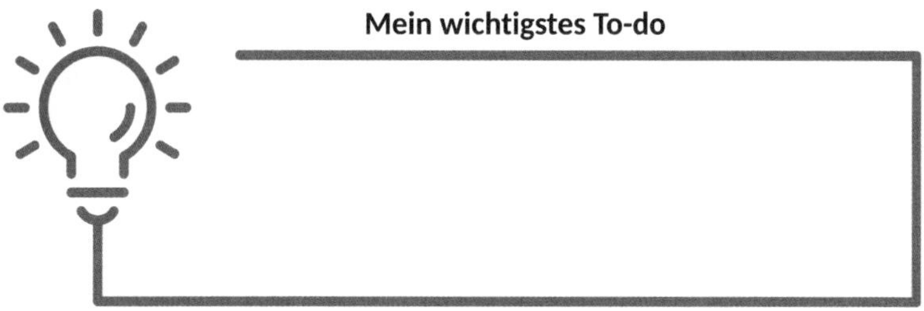

EINLEITUNG

DIE GEGENWART: TOM UND LINA – EINE AUßERGEWÖHNLICHE BEGEGNUNG

»Darf es für Sie noch etwas sein?«

Tom sieht den Kellner an und lächelt.

»Ja, gerne – Einen Espresso bitte.«

Dann wendet er sich Lina zu.

»Und für Dich?«

Lina schüttelt den Kopf. »Nein, für mich nichts. Ich brauche nichts, danke.«

Es ist ein klarer Tag. Das Café liegt idyllisch an einem Hang mit Blick auf das satte Grün eines kleinen Tals. Vögel zwitschern, irgendwo plätschert leise ein Brunnen. Sie sind gerade mit dem Essen fertig.

Plötzlich fängt Tom an zu lachen.

»Was hast Du denn?«, fragt Lina schmunzelnd.

»Ich weiß auch nicht genau, aber irgendwie ... als der Kellner gefragt hat, ob wir noch etwas wollen, hast Du gesagt: Du brauchst nichts. Und dann hast Du's noch mal gesagt, dass Du nichts brauchst. In dem Moment hat es Klick gemacht. Plötzlich war ich drei Jahre zurück.«

»Drei Jahre?« Lina runzelt die Stirn. »Was meinst Du genau?«

»Kannst Du Dich erinnern, wie alles angefangen hat? Wie Deine Anfänge in der Branche waren? Deine Gespräche mit Vermittlern? Und ich … Ich stand da als Vermittler, aber eigentlich auf dem Sprung weg. Ich wollte schon wieder aufgeben. Heute sitzen wir hier als Freunde, Geschäftspartner – und haben eine Bewegung losgetreten, die uns selbst manchmal überwältigt vor Dankbarkeit.«

Lina nickt. Ihre Stimme wird weich.

»Ja. Ich denke oft daran. Auch an die E-Mails, die wir bekommen, von Menschen, die sagen: ‚Ihr habt mir wieder einen Grund gegeben, weiterzumachen.'

Wenn ich das lese, bin ich einfach dankbar. Und stolz. Wir haben nicht nur etwas aufgebaut. Wir haben etwas fairändert. Da ist etwas ganz Besonderes passiert.«

Tom lehnt sich zurück. Der Espresso wird gebracht. Er nippt daran, als wäre es ein feierlicher Moment.

»Hättest Du das damals gedacht?«, fragt er.

»Ganz ehrlich? Nein. Ich war enttäuscht. Und Du warst kurz vorm Hinwerfen. Wie die Zeit doch vergeht … Erinnerst Du Dich noch an damals? Vor drei Jahren, als wir uns noch nicht kannten?«

DREI JAHRE ZUVOR: DER WENDEPUNKT

VERSICHERUNGSVERMITTLER TOM

Es war Montagmorgen. 9:12 Uhr. Der Rechner surrte, die Lichter im Büro flackerten kurz beim Einschalten und der Duft des ersten Kaffees durchzog den Raum. Alles wirkte wie ein gewohnter Start in eine neue Woche – eine Woche voller Chancen oder, besser gesagt, voller Ungewissheiten.

Tom lehnte sich mit der Kaffeetasse in der Hand zurück. Sein Kalender war leerer als sein Mut zur Neukundenakquise. Sein Blick wanderte auf den Bildschirm und er klickte sich ziellos durch die gängigen sozialen Netzwerke. Ablenkung als Alltagstherapie. Und dann – ein Post. Nicht irgendeiner. Es war einer dieser Impuls-Treffer. Einer, der einschlug. Ein kurzer Beitrag von Verkaufstrainer Christian Seeger.

»Stirbt die Hoffnung wirklich zuletzt? Oder ist die Versicherungsbranche längst verloren?

Vermittler kämpfen um Kunden, Kunden um Rabatte – aber keiner kämpft um Beziehungen. Wir alle tragen Verantwortung, nicht Schuld, sondern Verantwortung. Für das, was wir tun. Und für das, was wir unterlassen.« Tom las. Dann stockte er. Innerlich rebellierend, äußerlich regungslos. Plötzlich jedoch – Wut. Frust. Enttäuschung. Mit einem lauten »So ein Blödsinn!« sprang er auf, stieß die Kaffeetasse um und spürte den heißen Kaffee auf seinem Arm. Er bemerkte ihn kaum.

»Verantwortung? Haltung? Entscheidungen? Diese ganzen Modewörter … Der Kunde ist doch das Problem! Ich will doch nur helfen, aber keiner hört zu. Keiner glaubt mir. Und dann kommen solche Leute, die aus dem Elfenbeinturm heraus urteilen, als wäre Beratung ein Instagram-Meme.«

Tom. 35 Jahre alt. Versicherungsvermittler bei der *Pfefferminzia-Assekuranz*. Familienvater. Selbstständig. Ehrlich. Überzeugt davon, irgendwann mal angetreten zu sein, um etwas Besseres zu machen. Ein Leben zu führen, das mehr Sicherheit versprach – für ihn, seine Frau Elena, für Emil (6) und Ida (3). Ein Reihenhaus. Ein Garten. 1.500 Euro monatlich in die Rückzahlung des Darlehens. Und ein wachsender Berg an Unsicherheit. Was einst als Befreiung vom Einzelhandel gedacht war, war längst zum Korsett geworden: Fixkosten, Druck, Selbstständigkeit mit Halbgarantie. Kein Netz. Kein doppelter Boden. Nur die Angst, dass kein Abschluss auch keine Rechnung bezahlte.

»Manchmal lag ich nachts da, mein Herz raste, der Schlaf war nur ein flüchtiger Gedanke. Ich habe geschwitzt wie in einer Sauna der Verantwortung. Es war Elena, meine Frau, die mich auffing. Die sagte: ‚Tom, das geht so nicht weiter.' Und es war richtig, was sie sagte.«

Tom holte sich Hilfe. Er lernte, wieder zu atmen. Und doch – in ihm brannte etwas. Oder vielmehr: Es glimmte. Eine Mischung aus Frust, Sehnsucht und der nagenden Frage: *War's das jetzt wirklich?* Er wollte keinen Rückzieher machen. Und trotzdem fühlte er sich fremd im System, das er einst gewählt hatte. Die Kunden hörten nicht zu. Die Zahlen stimmten nicht. Der Druck stieg. Und in der Zwischenzeit posteten Verkaufstrainer über »Verantwortung« – als wäre das nur ein Wort.

Aber ... Was, wenn dieser Post mehr war als heiße Luft? Was, wenn *Verantwortung* nicht bedeutete, die Last allein zu tragen, sondern die Chance zu erkennen, wieder selbst zu steuern? Was, wenn *Haltung* nicht bedeutete, immer stark zu sein, sondern ehrlich zu sich selbst? Was, wenn genau darin der Wendepunkt lag – nicht im System, sondern in Tom selbst? *Vielleicht*, so dachte er im Stillen, *war dieser Post kein Angriff gewesen. Vielleicht war es ein Spiegel. Vielleicht war es ein Aufruf zu etwas Einzigartigem, noch nie Dagewesenem ...*

Es war ein ganz gewöhnlicher Abend. Einer dieser stillen Abende, an denen das Leben scheinbar stillstand, während im Hintergrund das Licht des Fernsehers flackerte. Lina zappte wie so oft in den letzten Wochen durch die Kanäle. Ihr Hund Milo schlief, eingerollt in seinem Körbchen, und nicht, wie sonst, am Fußende ihrer Couch. Das war ihr nicht gleich aufgefallen.

Dann blieb sie bei einem Beitrag hängen. Ein Mann, schwer krank. Die Versicherung zahlte nicht. Tränen, Verzweiflung, Wut – mitten im Wohnzimmer. Und plötzlich war Lina hellwach. Es traf sie wie ein Schlag. Eine Mischung aus Mitgefühl für den Fremden auf dem Bildschirm – und blanker Wut auf eine Branche, die offensichtlich nur nimmt, aber nichts gibt.

Das scheue Reh, das denkt, unsterblich zu sein.
Quelle: Christian Seeger

Lina fühlte sich wie ein scheues Reh. Hilflos, verloren, unsicher. Wie viele andere hatte sie gedacht, dass sie unsterblich ist. Man musste nur das Wort Versicherung in den Mund nehmen, und schon war sie über alle Berge verschwunden. Dieses Bild hatte Lina bis heute immer geprägt, weil sie es nie anders gelernt oder erfahren hatte: *Typisch. Genau das haben meine Eltern immer gesagt: ‚Versicherungen zahlen nie, wenn's drauf ankommt. Beiträge nehmen, wenn's wehtut, kneifen.'* Lina schnaufte und schaltete den Fernseher aus. Doch der Gedanke ließ sie nicht mehr los. Nicht an diesem Abend. Nicht in dieser Woche.

Und nicht, als Milo am nächsten Morgen nicht mehr aufstand.

Als sie seinen Namen rief, kam kein freudiges Schwanzwedeln. Nur ein Winseln. Ihr Herz rutschte ihr in die Hose. Der Tierarzt fand eine Geschwulst im Magen. Diagnose: Magenkarzinom – selten, aggressiv, unheilbar. Nur eindämmbar, mit spezieller Ernährung, Medikamenten – ein ganzes Hundeleben lang. 3.000 bis 5.000 Euro jährlich. Plus die heutige Not-OP mit 1.500 Euro.

Lina war 30. Alleinstehend. Keine Rücklagen. Keine Versicherung. Nur eine Halterhaftpflicht. Der Gedanke, ihren besten Freund – ihren Milo – nicht bestmöglich behandeln zu können, brachte sie an den Rand eines inneren Zusammenbruchs.

Wie sollte sie so etwas finanzieren, wenn sie selbst noch nicht wusste, was sie im Leben wollte?

Nach außen wirkte sie stark, strukturiert, studierte im sechsten Semester auf Lehramt, weil es die Eltern wollten. Aber ihr Herz wollte etwas ganz anderes. Etwas zum Anfassen. Handwerk, Kreativität, Leben spüren. Doch dieser Wunsch war im Dauerregen elterlicher Erwartungen untergegangen. Vater krank. Mutter ängstlich. »Etwas Sicheres, Vernünftiges. Du willst uns doch nicht enttäuschen, oder, Lina?«

Und so hatte sie es allen recht gemacht – nur sich selbst nicht.

Jetzt stand sie vor den Scherben. Der Urlaub war gestrichen, das geliebte Auto zum Verkauf. Und Milo ... Milo konnte nur überleben, wenn sie tief in die Schulden ging. Für ihn würde sie es tun. Ohne Zögern. Doch das nagende Gefühl der Ohnmacht blieb.

Und dann – wie aus dem Nichts – kam der Anruf der Versicherung. Oder besser gesagt: der Anruf, der alles veränderte. Die Beraterin hatte Linas Autoanfrage aufgenommen. Nur Haftpflicht. »Darf ich fragen, warum Sie ein so gutes Auto gegen ein altes eintauschen wollen?« Die Stimme am anderen Ende war sanft. Lina, sonst kontrolliert, brach in Tränen aus. Zum ersten Mal erzählte sie einer Fremden von Milo.

Stille. Dann die Antwort: »Frau Grünwald, ich sehe hier, dass Sie – bzw. ihr Hund - tatsächlich abgesichert ist. Es gibt einen laufenden Tierkrankenschutz. Bis zu 5.000 Euro jährlich. Dazu eine Hunde-OP-Versicherung mit einer maximalen Erstattungshöhe von 2.000 Euro pro Jahr. Gültig. Aktiv.«

Lina konnte nicht glauben, was sie hörte. Wie konnte das sein?

»Vor drei Jahren hat ein gewisser Herr Alex Bender den Vertrag abgeschlossen – wohl Ihr damaliger Partner? Er hat ihn nie gekündigt.«

Noch am selben Abend rief Lina ihren Ex-Freund an. Er hatte den Vertrag aus Liebe abgeschlossen – damals, als sie noch eine gemeinsame Zukunft planten. »Der Berater hat uns nichts aufgeschwatzt. Der hat uns einfach das Gefühl gegeben, dass wir es uns wert sind, für alle Fälle vorzusorgen. Ich hätte den Vertrag schon längst gekündigt, aber irgendwie … Irgendwas hat mich abgehalten.«

Und Lina wusste: Es war dieser eine Moment. Dieser eine Mensch, der seine Arbeit nicht als Abschluss verstand, sondern als Verantwortung. Jemand, der ihre Geschichte kannte, ohne sie zu werten. Der ihnen beiden damals ein Stück Zukunft geschenkt hatte, ohne es selbst zu wissen.

Lina empfand Dankbarkeit. Nicht nur gegenüber ihrem Ex-Freund. Sondern gegenüber einer Branche, die in der öffentlichen Wahrnehmung oft als Feindbild gilt – und doch im richtigen Moment zum Schutzengel werden kann.

Dass dieser Moment eine ganze Versicherungsbranche für immer zum Positiven verändern würde, war zu diesem Zeitpunkt noch undenkbar.

DER INNERE AUFRUF

An diesem Abend lag etwas Besonderes in der Luft. Es war ein lauer Abend. Einer dieser seltenen Abende, an denen die Welt für einen Moment stillzustehen scheint – nicht, weil alles perfekt ist, sondern weil das Leben gerade leise atmet. Lina saß auf ihrem kleinen Balkon, ein Glas in der Hand, der Blick in die Ferne gerichtet. Unter ihr schlief die Stadt. Neben ihr lag Milo, ihr Hund, ihr Herz. Ihre Finger glitten langsam über sein weiches Fell. Die Tränen liefen leise, ohne Zittern, ohne Drama. Sie kamen einfach. Tränen, geboren aus Dankbarkeit. Und aus Scham.

Denn Lina wusste: *Heute hätte alles anders ausgehen können.*

Noch vor wenigen Stunden hatte sie geglaubt, mit einem Fuß am Abgrund zu stehen. Kein Geld, keine Sicherheit, keine Idee, wie sie Milo retten sollte. Und jetzt? Jetzt lag er da, gerettet – dank einer Versicherung, die sie nicht einmal selbst abgeschlossen hatte. Dank eines Menschen, der vor Jahren Verantwortung übernommen hatte. Einfach so. Ohne großen Plan. Nur mit Herz.

Sie sah Milo an. Und es war, als wüsste er genau, was in ihr vorging. Kein Hundeblick, sondern ein stilles **Fairstehen**. *Ein Blick, der mehr sagte als Worte je könnten.*

»Weißt Du, Milo …«, begann sie leise, »… Du bist mein EIN und ALLES. Und auch wenn ich diese Versicherung nicht gehabt hätte, ich hätte alles verkauft. Mein Auto, meine Möbel, mein ganzes altes Leben, wenn es sein muss. Für Dich.« Milo schmiegte sich enger an sie. Er wusste es.

»Aber weißt Du, was ich heute fairstanden habe? Ich habe fairstanden, dass etwas, das ich jahrelang belächelt oder gar verachtet habe … genau das hat heute unser Leben gerettet.«

Versicherungen. Dieses Wort hatte für sie immer wie ein bürokratischer Schatten geklungen. Etwas, das man nur abschließt, weil man muss. Etwas, das nur Ärger bringt. Aber an diesem Abend, mit Milo auf ihrem Schoß und der Nacht über ihrer Stadt, wurde aus Misstrauen ein Funke **Fairtrauen**. Vielleicht sogar mehr.

Diese Police ... sie war mehr als ein Vertrag. Sie war ein unsichtbares Netz mit Zuversicht, das uns aufgefangen hat, als der Boden unter uns wegzubrechen drohte.

Lina schwieg. In ihrem Inneren war ein leises Beben zu spüren. Kein Chaos mehr, eher eine Klarheit. Ein Gedanke, der immer stärker wurde.

»Lina, es ist an der Zeit, etwas zu fairändern.«

Es war keine laute Stimme. Kein dramatischer Ruf. Sondern ein zarter Gedanke, der sich wie ein warmes Gefühl in ihr ausbreitete. Es war das erste Mal seit langer Zeit, dass sie nicht gegen etwas kämpfen wollte, sondern *für* etwas.

»Ich weiß nicht, wo ich anfangen soll, Milo«, sagte sie leise, fast nachdenklich. »Ich habe so oft gespürt, dass ich mehr will als das, was ist. Und dann kam immer diese Angst. Die Angst davor, zu versagen. Die Angst, nicht ernst genommen zu werden. Die Angst, allein zu sein.«

Sie stand auf, ging langsam hinein, öffnete den Kühlschrank – und da fiel ihr Blick auf ihren kleinen Tageskalender. Ein einfacher Papierspruch. Ein Satz, der ihr Herz wie eine warme Decke umhüllte:

»Geduld ist das Vertrauen, dass alles kommt, wenn die Zeit reif ist.«

Ein leichter Schauer lief ihr über den Rücken – kein kalter, sondern ein Schauer voller Gewissheit.

In diesem Moment wusste Lina, dass ihre Zeit gekommen war. Nicht, weil sie plötzlich alles verstand. Nicht, weil sie bereit war.

Sondern weil sie fühlte, dass dieser Abend ein Wendepunkt war – ein Moment, der ihr zeigte, was möglich ist. Eine Einladung des Lebens.

Eine Einladung, endlich ***Fairantwortung*** zu übernehmen. Für sich selbst. Für andere. Und vielleicht für eine ganze Branche, die mehr kann als nur verkaufen. Eine Branche, die Leben verändern kann, wenn man sie lässt.

VERSICHERUNGSFUZZI? NEIN, DANKE!

Es war spät. Die Stadt leerte sich, das Summen der Tagesschichten war verhallt. Doch in einer kleinen Agentur brannte noch Licht. Tom saß dort. Allein. Wie so oft in letzter Zeit. Der Bildschirm vor ihm zeigte die Monatsauswertung. *Wieder ein Monat voller Neins*. Er lachte bitter. Kein echtes Lachen, eher ein müder Reflex, der sich durch Schmerz schleppte.

Mit dem, was ich hier verdiene, hätte ich vom Staat besser gelebt.

Der Gedanke war brutal. Und er war real. Seine Stirn lag in der Hand. Die Zahlen vor ihm – gnadenlos. Unsicherheit, Scham, Verzweiflung – eine schlimme Mischung, die sich durch jede Ader schob. »Warum mache ich das noch?«, murmelte er. »Wofür kämpfe ich eigentlich? Ich werde belächelt, abgewertet, als ‚Versicherungsfuzzi' abgestempelt. Jeder will nur den billigsten Preis – meine Beratung? Mein Einsatz? Mein Herz? Interessiert keinen.«

Es ging nicht nur ums Geschäft. Es ging um viel mehr. Um Träume. Um Würde. Um die Sehnsucht, seiner Frau und den Kindern ein Leben zu schenken, das sich besser anfühlt als das, was er selbst erlebt hatte. Ein Haus am Stadtrand. Sicherheit. Stolz.

Und jetzt? Er rechnete im Kopf aus, welche Rechnungen er überhaupt noch bezahlen konnte. Die Angst saß im Nacken – kalt, hart, lähmend. Als er aus dem Fenster blickte, ging draußen gerade eine Familie vorbei. Ein Mann, eine Frau, zwei Kinder. Fast wie aus seinem eigenen Leben geschnitten. Die Kinder schleckten fröhlich ihr Eis, lachten unbeschwert in den Sommerabend hinein.

Dann passierte es. Eines der Kinder blieb stehen. Schaute direkt auf das Agenturfenster. Ein Fingerzeig. Ein Lachen. Laut. Schrill. Spöttisch. Tom zuckte innerlich zusammen, als hätte ihm jemand in die Magengrube geschlagen. *Der lacht mich aus*, dachte er. *Ich bin wirklich nichts mehr wert.*

Was er nicht wusste: Der Junge lachte nicht über Tom, sondern über eine alberne Waschbärenfigur mit Sonnenbrille, die auf einem Werbeplakat im Schaufenster klebte. Aber das sah Tom nicht. Er sah nur sich, gescheitert, ausgelacht, am Ende.

Ich sitze hier seit Jahren, reiße mir alles auf, will helfen, ehrlich beraten – und wofür? Damit mich ein Kind auslacht? Die Bitterkeit stand ihm ins Gesicht geschrieben. *Ist das der Dank für Fairness? Für Aufrichtigkeit? Für Idealismus in einer Branche, die längst vergessen hat, was Vertrauen bedeutet?*

Er stand auf, taumelte fast. In der Küche wollte er noch schnell sein benutztes Geschirr in die Spülmaschine stellen. Im Spiegel über dem Waschbecken blieb sein Blick hängen. Was er sah, war ein erschöpfter Mann. Verlorene Augen. Ein Mensch, der in der Verantwortung stand und gerade an ihr zweifelte.

»Alles fühlt sich leer und sinnlos an«, flüsterte er.

Dann nahm er seine Tasche und den Schlüssel und schloss die Tür der Agentur zu, wie man ein Kapitel beendet, das man nie schreiben wollte. Die Fahrt nach Hause war still. Kein Radio. Kein Gedanke, der Hoffnung machte. Nur das laute Echo im Kopf: *Aufgeben. Aufhören. Irgendwas anderes machen.* Aber tief in seinem Herzen, ganz leise, war da noch etwas anderes. Ein winziger Funke. Die Erinnerung an den Moment, als er diesen Beruf gewählt hatte. Damals hatte er wirklich helfen wollen. Als er geglaubt hatte, dass es anders geht. Vielleicht war es ja noch nicht vorbei. Vielleicht brauchte er nur ... etwas. Einen Anstoß. Ein Zeichen. Irgendetwas, das ihm zeigte, dass seine Arbeit nicht umsonst war.

EIN ANRUF, DER ALLES FAIRÄNDERTE

Einige Tage später. Ein Klingeln. Unbekannte Nummer. Tom nahm ab. Müde. Abwartend. »Tom Mainke, guten Tag?«

Die Stimme am anderen Ende: »Hallo Herr Mainke, hier spricht Herr Bender. Ich weiß nicht, ob Sie sich noch an mich erinnern können ... Es ist über drei Jahre her. Sie hatten mich damals zu einer Versicherung für meinen Hund Milo beraten.«

Tom erinnerte sich vage. »Ja, ich glaube ... Sie haben zuerst abgelehnt, und ich habe ... ich habe Ihnen dringend empfohlen, Milo richtig abzusichern.«

»Genau«, sagte Herr Bender. »Wissen Sie eigentlich, dass unser Gespräch von damals heute das Leben von Milo und seiner Besitzerin gerettet hat?«

Stille. Tom schluckte. »Wie bitte ...?«

Herr Bender begann zu erzählen. Von einer Notlage. Von einem geliebten Hund. Von einer Frau, die am Rand des Abgrunds stand. Von einer Versicherung, die nicht nur Geld brachte, sondern auch Hoffnung. Von einer kleinen Entscheidung, die Leben rettete. Er nannte keinen Namen. Es spielte keine Rolle. Die Botschaft war klar.

Am Ende sagte er nur: »Herr Mainke – danke. Danke für Ihre Menschlichkeit, Ihre Hartnäckigkeit, Ihre Weitsicht. Bleiben Sie Ihrer Linie treu. Ohne Sie würde es heute eine kleine Familie so nicht mehr geben.«

Tom saß wie versteinert. Dann spürte er sie – erst ganz zart, dann mit voller Kraft: die Tränen. Nicht aus Trauer. Aus Dankbarkeit. Aus Erkenntnis. In seinem Innersten breitete sich ein Gefühl aus, das er lange vermisst hatte: **Sinn**.

Seine Arbeit war nicht umsonst. Sie war entscheidend. Nicht jeder Tag war ein Sieg. Aber manchmal, manchmal rettete ein einziger Moment das ganze Leben eines anderen. Und manchmal sogar sein eigenes. Tom schaute zum Fenster hinaus. Die Welt war dieselbe. Und doch ... fühlte sich alles anders an. Es war der Beginn von etwas Neuem. Von etwas Echtem. Von *FAIRKAUFT*.

EINE ACHTERBAHNFAHRT DER GEFÜHLE

In den folgenden Wochen begann sich Milos Zustand sichtbar zu stabilisieren. Die Therapie zeigte erste Wirkungen, die OP-Kosten wurden durch die Versicherung übernommen, und die schriftliche Kostenzusage für die langfristige Therapie lag ebenfalls vor. Auf dem Papier schien alles gut. Doch emotional war Lina auf einer Reise, die sie nie erwartet hätte. Eine emotionale Transformation, die weit über das hinausging, was eine tierärztliche Diagnose normalerweise auslöst. Lina sprach in diesen Tagen viel. Mit ihrer Familie. Mit Freunden. Mit sich selbst. Immer wieder erzählte sie, was passiert war. Doch so sehr sie auch hoffte, dass andere ihre Begeisterung für die Sinnhaftigkeit von Versicherungen teilen würden – sie stieß oft auf taube Ohren.

»Ach, Versicherungen, das sind doch nur die, die kassieren, aber nicht zahlen«, sagte ein Onkel. Ihre beste Freundin Dana erzählte sogar von einem enttäuschenden Schadenfall – Marderbiss, Motorschaden, eine unbefriedigende Erstattung, Ärger über eine »Kulanzentscheidung«. Der Frust war greifbar.

Lina bemühte sich zu erklären. Wollte Verständnis schaffen. »Aber was wäre gewesen, wenn es nicht 2.000, sondern 50.000 Euro gewesen wären?« – Ihre Frage verhallte ungehört. Stattdessen kam Zynismus. Und dann fiel das Wort »Köter«.

Ein Wort, das alles veränderte. Was folgte, war ein Bruch. In der Freundschaft. In der Leichtigkeit. In Linas naivem Glauben, man müsse nur erzählen, um verstanden zu werden.

ZWISCHEN ENTTÄUSCHUNG UND AUFBRUCH

Noch am selben Abend, Tränen auf der Wange, saß Lina mit Milo auf der Couch. Die Energie des Tages war verbraucht. Der Gedanke an all die negativen Stimmen hallte nach – und plötzlich, zum ersten Mal, fragte sich Lina: ***Wie muss sich ein Versicherungsberater fühlen, der täglich mit solchen Vorurteilen zu kämpfen hat?*** Diese Frage ließ sie nicht mehr los.

Ein paar Tage später – ihr Auto musste sowieso neu versichert werden – vereinbarte sie Beratungstermine. Sie wollte sich informieren. Vergleichen. Vielleicht sogar verstehen. Was sie erlebte, war ein Realitätsschock.

ZWEI TERMINE. ZWEI WELTEN.

In der ersten Agentur erwartete sie abgestandener Rauchgeruch, veraltete Möbel, Desinteresse. Der Berater sprach kaum ein persönliches Wort. Kein Gespräch – nur Datenaufnahme und ein schlecht verpackter Abschlussversuch. Billiger, aber schlechterer Schutz. In fünf Minuten abgehandelt. Kein Mitdenken. Kein Miteinander. Kein Vertrauen.

Im zweiten Gespräch schien zunächst alles besser: moderne Räume, freundlicher Empfang. Doch was dann folgte, war ein Verkaufsmonolog, versteckt hinter einer »Versicherungsanalyse«. Nach einer halben Stunde stand eine Kostenübersicht über 335 Euro pro Monat auf dem Tisch. Der Berater sprach von Notwendigkeit, Verbindlichkeit, einem limitierten Angebot – Lina war überfordert, innerlich am Flüchten. Sie verließ auch dieses Gespräch mit Bauchschmerzen. Was war passiert?

ZWISCHEN WAHRHEIT UND ZWEIFEL

Zuhause, wieder mit Milo an ihrer Seite, tauchten Zweifel auf: *War ihre Erfahrung eine Ausnahme? Ein glücklicher Zufall?* Sie blickte in Milos Augen – und in diesem Blick lag alles. Vertrauen. Sicherheit. Liebe. Genau das, was ihr in den letzten beiden Gesprächen gefehlt hatte. Nicht die Zahlen waren falsch. Nicht die Produkte. Es war das ***Wie***. Nicht *was* gesagt wurde, sondern *wie* man mit ihr umgegangen war.

Und dann traf sie diese Erkenntnis wie ein Blitz: Versicherungsberatung ist keine technische Disziplin – es ist eine menschliche Begegnung. Es geht um Vertrauen. Um Zuverlässigkeit. Um Verständnis. Um Würde. Um Zuhören.

DIE NEUE STIMME IN IHR

Zum ersten Mal spürte Lina, dass es nicht nur um Milo ging. Es ging um etwas viel Größeres. Um Menschen, die Angst vor Verantwortung haben. Um Berater, die sich hinter Skripten verstecken. Und um eine Branche, die oft viel mehr leisten könnte, wenn sie nur zuhören würde. In diesem Moment war Lina keine typische Kundin mehr. Sie war ein Mensch mit einer Stimme, und sie wollte gehört werden. Nicht laut, aber klar.

Vielleicht – so dachte sie – *beginnt echte Veränderung genau da, wo Empörung und Dankbarkeit aufeinandertreffen. Wo Ohnmacht sich in Fairantwortung wandelt. Und wo aus einem Kunden ein* ***Fairbraucher*** *wird.*

DER ANFANG VOM ANFANG

Lina hatte noch keine Antworten. Aber sie hatte eine Richtung. Und eine klare Motivation. Vielleicht, so hoffte sie, würde auch der nächste Berater nicht einfach verkaufen wollen, sondern ehrlich helfen. Vielleicht würde er nicht nur ihre Situation verstehen, sondern auch ihre Zweifel anerkennen. Denn am Ende ist Vertrauen keine Unterschrift auf einem Antrag, sondern das Gefühl, dass man verstanden wurde. Ab diesem Tag begleitete Lina die **zentrale Frage aus Kundensicht**:

Geht
fairSICHERN
überhaupt ?

ALLES BEGINNT MIT EINER ENTSCHEIDUNG

»Irgendwas an Dir ist anders.« Es war nur ein beiläufiger Satz auf einer Familienfeier, gesprochen von einer Verwandten, doch Tom blieb dieser Satz im Ohr hängen wie ein Echo, das nicht weichen wollte. Und vielleicht war da wirklich etwas dran. Denn seit dem Telefonat mit Herrn Bender – diesem einen Anruf, der nicht nur Milos Leben, sondern auch seine Sichtweise auf die eigene Arbeit verändert hatte – war da etwas in Tom erwacht. Eine Art leises Leuchten. Keine Euphorie. Eher eine tiefe, ruhige Energie.

Doch während Tom innerlich spürte, dass etwas in Bewegung gekommen war, sprach das Außen eine andere Sprache. Seine Verkaufsergebnisse dümpelten weiter vor sich hin, und die Realität seiner Kontoauszüge holte ihn Tag für Tag auf den Boden zurück. Seine Frau Elena bemerkte zwar, dass er besser schlief und morgens etwas ausgeglichener war, aber auch das verflüchtigte sich wieder, je länger sich der Erfolg nicht einstellte.

Ein Hoffnungsschimmer kam, als Tom in der folgenden Woche endlich selbst eine Rentenversicherung abschloss – für sich. Die Renteninformation, die er von der Deutschen Rentenversicherung erhalten hatte, war ein Schlag ins Gesicht. »So wenig?«, murmelte er, als er die Zahlen las. Also entschied er sich – ganz bewusst – für einen eigenen Vertrag.

Er dachte: *Wenn ich selbst vorsorge, kann ich das auch besser verkaufen.* Doch er musste feststellen: *Authentizität allein genügt nicht, wenn die Haltung noch nicht in Handlung übergegangen ist.*

DER TRIGGER: WUT TRIFFT WAHRHEIT

Es war ein Dienstag, kurz nach Mittag. Tom saß im Büro, starrte auf seinen Bildschirm und versuchte – wie so oft – ein wenig Inspiration auf Social Media zu finden. Zwischen Videos von tanzenden Rentnern und geretteten Hunden tauchte er plötzlich wieder auf:

Christian Seeger, der Fairkaufscoach, dessen Beiträge Tom mehr triggerten als inspirierten. Diesmal hatte Christian Seeger ein Bild gepostet, das offensichtlich die Absicht hatte, zu polarisieren:

Der verzettelte innere Schweinehund mit Kundenbrille im Vertriebskorsett. Quelle: Christian Seeger

Viele Vermittler tragen sie theoretisch – aber praktisch vergessen sie sie oft: **die Kundenbrille.** Denn genau durch diese Brille sollten sie tagtäglich auf ihre Arbeit schauen. Doch was passiert in der Realität? Der **Vertriebskorsett**-Druck schnürt ihnen oft die Luft zum Atmen ab. Die monatlichen Ziele drücken auf die Schultern, die wichtigen Kennzahlen scheuern permanent an der persönlichen Haltung. Und durch dieses enge Korsett kneifen viele die Augen fest zusammen – **sie sehen kaum noch klar**, geschweige denn durch die Kundenbrille. Dazu kommt der **innere Schweinehund**, der es sich bequem gemacht hat. Er liegt träge auf der Stirn, genau dort, wo die Kundenbrille eigentlich sitzen sollte. Statt den Blick auf die echten Bedürfnisse des Kunden zu richten, wird geschlafen, gezögert, gejammert oder einfach im Autopilot gearbeitet.

Der Schweinehund flüstert:

»Der Kunde will das eh nicht hören …«

»Jetzt ist nicht der richtige Zeitpunkt …«

»Was, wenn er am Ende ablehnt?«

Und zu guter Letzt verzetteln wir uns im Agenturalltag so dermaßen, ohne es zu merken, dass wir uns zu häufig durch die falsche Wahl der Prioritäten immer wieder im Kreis drehen und nicht vorwärtskommen. Doch wenn wir ehrlich sind: »**Nur wer die Kundenbrille aufsetzt, erkennt überhaupt, wofür er im Vertrieb unterwegs ist.** Nur dadurch wird klar, welche Verantwortung wir tragen und welches Vertrauen wir zurückbekommen können.«

Mit dieser Aussage traf er Tom mitten ins Mark.

Tom kochte. »So ein Unsinn! Was weiß der schon von mir?« Er war empört und gleichzeitig auch tief getroffen. Denn warum fühlte er sich so angesprochen? Er klickte erneut auf den Beitrag. Und las weiter: »Selbst wenn Vermittler fleißig sind, scheitern viele an einer simplen Sache: der Kundenbrille. Sie sehen den Kunden meistens nur durch ihre eigene Brille, nicht durch die Brille des Kunden selbst.«

Das saß erneut.

Einige Zeit später, nachdem sich Tom wieder beruhigt hatte, fuhr er nach Hause.

DIE WENDE: VON REFLEXION ZUR REBELLION

An diesem Abend zog Tom das Buch *HABEN kommt von MACHEN* aus seiner Schublade. Ein Weihnachtsgeschenk von Elena, das bislang unangetastet geblieben war. Er schlug die ersten Seiten auf und verschlang das Buch förmlich.

Das Buch traf ihn ins Herz: **Wie werde ich ein MACHER?** Tom erkannte sich wieder. In jeder Zeile. Er war nicht faul, aber er war gefangen im Denken. Ein Meister der Vorbereitung. Ein Viel-Denker. Aber keiner, der wirklich losging. Er notierte:

F*okus: Was ist wirklich wichtig?*
A*ktion: Nicht denken – tun.*
I*ntegrität: Bin ich mir treu?*
R*eflexion: Scheitern ist Teil des Weges.*

Tom traf eine Entscheidung. Diesmal keine spontane Idee, kein impulsiver Aktionismus. Sondern eine bewusste, mutige Entscheidung: **Ich werde nicht mehr warten. Ich werde losgehen. Ich werde durchziehen.**

TSCHAKKA: MOTIVIERT, ABER NICHT FAIRBUNDEN

Zwei Wochen später buchte Tom ein zweitägiges Verkaufsseminar. Der Titel: »*In 48 Stunden zum Top-Seller!*« Preis: 799 Euro – ohne Übernachtung. Der Coach: ein Mann mit strahlendem Lächeln und dem Slogan »*Dein nächster Abschluss ist nur (m)ein Konzept entfernt.*« Tom hatte ein ungutes Gefühl, aber auch Hoffnung. Vielleicht war das der letzte Push, den er brauchte?

Nach zwölf Stunden »Attacke!«-Mentalität, Manipulationstechniken und auswendig gelernten Einwandbehandlungen fühlte sich Tom wie ein scharf geschliffenes Verkaufsschwert. Montagmorgen war er bereit, sein neues Ich zu präsentieren.

Er rief 25 Kunden an – zwanzig Termine. Erfolgsquote: 80 Prozent. Doch dann: das böse Erwachen.

In Woche eins erschienen fünf von zwanzig Kunden. Woche zwei: drei. Ein ehrliches Feedback kam von einer älteren Kundin: »Sie haben mich so überrumpelt, ich konnte gar nicht Nein sagen. Aber das waren nicht Sie. Das war eine Maske.«

Tom erstarrte. Er hatte es wieder getan. Wieder nach einem externen Rezept gegriffen, statt auf seine innere Stimme zu hören. Wieder eine Methode angewendet, die ihn entfernt hatte – von sich selbst. Aber diesmal – diesmal war es anders. Denn er wusste nun: Das Problem war nicht das Seminar. Das Problem war das Vergessen seiner eigenen Haltung.

Die Erkenntnis: Es geht nicht um den nächsten Abschluss. Es geht um den nächsten Schritt.

Und Tom fiel wieder dieses Bild aus dem Buch *HABEN kommt von MACHEN* ein – der **Mann, der wenige Zentimeter vor dem Schatz aufhört zu graben**. *Nicht noch mal*, dachte Tom. *Nicht diesmal.*

Er schrieb sich ein **Fairsprechen** auf. Er wusste nicht, was sich ändern muss. Aber er wusste, dass sich etwas ändern MUSS. Nicht morgen. Nicht nächste Woche. **Jetzt.**

Er griff nach einem Zettel. Schrieb oben: *Meine Entscheidung – ab heute. Mein Commitment.* Darunter:

- *Ich bin ein Macher.*
- *Ich bin dankbar.*
- *Ich mache mich auf die Suche, weil ich will, nicht weil ich muss.*
- *Ich finde mein Wozu.*
- *Ich hole mir zurück, was ich verloren habe: Überzeugung.*
- *Ich höre auf, mich ständig zu vergleichen.*
- *Ich gehe meinen Weg. In meinem Tempo. Und ich gehe ihn, selbst wenn er schwer ist.*
- *Für meine Ergebnisse bin ich selbst verantwortlich.*

Und dann schrieb er darunter: *Alles beginnt mit (m)einer Entscheidung.*

Beratung ist mehr als Verkauf. Sie ist Verantwortung. Und manchmal sogar Rettung ... Ab diesem Tag begleitete ihn die **zentrale Frage aus Vermittlersicht**:

Geht
fairKAUFEN
überhaupt ?

JETZT BIST DU DRAN

HALTE DEINE GEDANKEN FEST. SIE SIND WERTVOLL.

Mein wichtigstes Learning

Mein wichtigstes To-do

MERKE:
» ES IST BESSER, EINE VERSICHERUNG ZU HABEN
UND NICHT ZU BRAUCHEN,
ALS EINE VERSICHERUNG ZU BRAUCHEN
UND NICHT ZU HABEN.«

KAPITEL 1
FAIRTRAUEN SCHAFFT FAIRBINDUNG

EIN GESPRÄCH, DAS FAIRBINDET UND ZEILEN, DIE ALLES FAIRÄNDERN

Lina war es leid, sich durch endlose Vergleichsportale zu klicken. Immer dieselben Angebote. Immer dieselben leeren Versprechen. Sicherheit ließ sich nicht digital empfinden. Das hatte sie durch Milo, ihren geliebten Vierbeiner, längst begriffen. Also entschied sie sich diesmal bewusst: Sie wollte keine Zahlen mehr vergleichen, sondern Menschen treffen. Echte Menschen. Menschen mit Haltung.

Ihre Recherche führte sie zur *DEVK*-Agentur von **Christoph Fernandez Lao** in Lünen. Der Internetauftritt: ansprechend. Die Rezensionen: durchweg ehrlich, vertrauensvoll. Sie vereinbarte einen Termin und versprach sich selbst: Beim kleinsten Anflug von Verkaufsdruck würde sie aufstehen und gehen.

Zwei Tage später. Lina betrat die Agentur. Und irgendetwas war anders. Die Begrüßung? Herzlich. Die Atmosphäre? Freundlich. Nicht dieses steife Behördending. Keine Show. Kein Skript. Nur Menschen und ein Gefühl von Willkommen.

Pünktlich um elf Uhr empfing sie Herr Fernandez Lao mit einem aufrichtigen Lächeln und dem Satz: »Frau Grünwald, schön, dass Sie da sind. Danke für Ihr Vertrauen.«

Lina war kurz irritiert, nicht weil der Satz besonders war, sondern weil er sich so echt anfühlte. Kein aufgesetzter Small Talk. Kein Verkaufsstart. Sondern echtes Interesse. Noch bevor das

Gespräch überhaupt richtig begonnen hatte, war Lina klar: **Hier geht es nicht nur um Abschlussquoten. Hier geht es um mich.** Der Agenturleiter stellte Fragen. Aber keine der sonst üblichen und mechanischen Art. Sondern Fragen, die öffneten. Die ehrlich herausfinden wollten, wie es Lina geht, was sie bewegt, was sie sucht. Während er das passende KFZ-Angebot aufrief, fiel Linas Blick auf ein Magazin auf dem Tisch:

Fairmittler.[1]

F ortschrittlich

A uthentisch

I nspirierend

R ichtungsweisend

Auf dem Cover: Christoph Fernandez Lao. Darunter der Satz: »Wie wir andere behandeln, zeigt, wer wir selbst sind.«

»Was ist das für ein Magazin?«, fragte sie neugierig.

»Ein Herzensprojekt«, antwortete er. »Es geht darum, wie wir im Vertrieb wieder fair und menschlich werden. Ich durfte einen kleinen Teil dazu beitragen.« Er reichte ihr ein Exemplar. »Nehmen Sie es gerne mit.«

Lina fühlte sich gesehen. Nicht überredet, sondern bestärkt. Das Angebot war gut, ja. Aber nicht das Papier war entscheidend. **Es war die Menschlichkeit, aus der es entstand.** Sie unterschrieb. Nicht, weil sie musste. Sondern weil sie wollte. Der Abschluss fühlte sich leicht an, fast wie die logische Konsequenz einer Begegnung auf Augenhöhe.

Auf dem Heimweg hielt sie an einer Ampel, griff in ihre Tasche und holte das Magazin hervor. Noch im Auto begann sie zu lesen. Und sie las. Und las …

---

[1]Anmerkung des Autors: Das Magazin *Fairmittler* ist fiktiv.

»VERTRAUEN BEDEUTET,
DEN ERSTEN SCHRITT ZU TUN,
AUCH WENN DU DIE TREPPE
NOCH NICHT GANZ SEHEN KANNST.«

- MARTIN LUTHER KING JR. -

WIE WIR ANDERE BEHANDELN,
ZEIGT,
WER WIR SELBST SIND.

CHRISTOPH FERNANDEZ LAO

AGENTURLEITUNG DEVK GEBIETSDIREKTION FERNANDEZ LAO

BEBELSTR. 65 - 44532 LÜNEN

MEHR INFOS:

INTERVIEW CHRISTOPH FERNANDEZ LAO - DEVK-AGENTUR LÜNEN

Eine Agentur mit Haltung, Herz und echter Hands-on-Mentalität.

WER WIR SIND

Wir sind nicht die Vermittler von Tarifen. Wir sind Begleiter durchs Leben. Ich war ursprünglich Lehrer, heute Agenturleiter der *DEVK* in Lünen und trete stets für das ein, was unsere Agentur verkörpert: Menschlichkeit, Perspektive und Professionalität auf Augenhöhe. Seit meinem Quereinstieg im Jahr 2007 und der Gründung der Agentur 2014 haben wir eines nie vergessen: **Erfolg ist kein Sololauf. Erfolg ist Teamwork – mit unseren Kunden und unseren Mitarbeitern.**

UNSERE STRATEGIE: NICHT SCHNELLER, SONDERN EHRLICHER

Was uns konstant erfolgreich macht? Ganz einfach:

- Jeden Menschen fair behandeln.
- Gleiche Perspektiven ermöglichen – egal, woher jemand kommt.
- Und richtig Zeit investieren – nicht nur in Zahlen, sondern in Beziehungen.
- Denn ja: Wir arbeiten viel – aber es fühlt sich nicht wie Arbeit an. Es ist unser Privileg.

BERATUNG MIT HALTUNG – KEIN BAUCHLADEN, SONDERN MAẞANZUG

Jeder Mensch ist anders. Deshalb gibt es bei uns keine Beratung von der Stange. Sondern individuelle Gespräche – mit Respekt, Achtsamkeit und ohne Verkaufsdruck. Ein Nein akzeptieren wir ebenso wie ein Ja. Denn Vertrauen beginnt bei Freiheit.

UNSER BERATUNGSVERSTÄNDNIS

- Maßgeschneiderte Lösungen statt Massenabfertigung
- Verantwortung übernehmen, aber niemanden überfordern
- Zuhören statt Aufdrängen

Was uns dabei hilft? Die tiefe Überzeugung vom Sinn unserer Aufgabe: Absicherung ist kein Produkt – sie ist Verantwortung für Menschen.

LERNEN. WEITERDENKEN. WACHSEN.

- Wir sind überzeugt: Niemand ist je »fertig«. Deshalb bilden wir unser Team ständig weiter – fachlich, menschlich, kommunikativ.
- Wir lernen von Coaches wie zum Beispiel Christian Seeger.
- Wir lernen von Kunden.
- Wir lernen voneinander und miteinander.

Denn wer besser verstehen will, muss zuerst besser zuhören. **Kundenbeziehung ist für uns keine Floskel. Sie ist Haltung.**

Unsere Stammkunden sind keine Zufallsprodukte. Sie bleiben, weil sie Vertrauen spüren. Und weil sie ihren festen Ansprechpartner kennen. Verantwortung in einer Welt voller Wechsler.

- Wir binden Kunden durch Verbindlichkeit und Zuverlässigkeit: Jahresgespräche, klare Zuständigkeiten, echtes Dranbleiben.
- Wir geben unseren Mitarbeitern Eigenverantwortung und stärken auf diese Weise Vertrauen von innen heraus.
- Und wir wissen: Wenn uns jemand sein Haustier, sein Haus oder seine Familie anvertraut, dann brauchen wir Respekt und keinen Verkaufsdruck.

UNSER USP – AUF DEN PUNKT GEBRACHT

Wir kombinieren Menschlichkeit mit Vermittlerverstand. Wir übersetzen komplexe Absicherung in verständliche, alltagsnahe Lösungen. Wir arbeiten mit System, aber nie ohne Seele.

Unsere Kunden fühlen sich bei uns nicht nur beraten. Sie fühlen sich verstanden. Unsere Empfehlungsquote spricht für sich.

WAS WIR JUNGEN VERMITTLERN RATEN

- Fang an, aber mit Herz.
- Hospitiere, frag, beobachte – und bilde Dich weiter.
- Und denk dran: Du bist nicht Verkäufer. Du bist Problemlöser. Zuhörer. Möglichmacher.

BLICK NACH VORN: UNSERE BRANCHE 2030

Ja, alles wird digitaler. Und ja, der Wettbewerb wird schneller. Aber der Mensch wird dadurch nicht ersetzbar. Im Gegenteil: Persönlichkeit wird zum Alleinstellungsmerkmal.

Unsere Antwort:

- Hybrid beraten – mit Herz UND Technik.
- Service dort bieten, wo der Kunde ist.
- Und niemals vergessen, worum es wirklich geht: **Fairantwortung. Fairtrauen. Fairbindung.**[2]

CHRISTOPH FERNANDEZ LAO

[2] Interview vom 05.05.2025 – Interviewer Christian Seeger

NACHKLANG DES INTERVIEWS - EIN WENDEPUNKT FÜR LINA

Lina spürte: *Das ist anders. Das ist echt.*

Sie las von Vertrauen statt Verkaufsdruck. Von Echtheit statt Skript. Von Vermittlern, die nicht nur verkaufen, sondern begleiten. Und sie fairstand:

Versicherung ist nicht nur ein Vertrag. Es ist ein Versprechen und eine Entscheidung. Für Schutz. Für Würde. Für Menschlichkeit.

Mit jeder Seite wuchs in Lina ein neues Gefühl. Keine Skepsis. Keine Angst. Sondern Mut. Klarheit. Hoffnung. Sie spürte: *Dieses Magazin ist mehr als bedrucktes Papier. Es ist ein Leuchtturm.* Und ihre innere Stimme flüsterte: »*Abonniere es.*«

Obwohl es nicht kostenlos war, zögerte sie nicht. Sie investierte – nicht in Seiten, sondern in Sinn. Sie wollte sich verbinden. Mit denen, die in der Branche nicht bloß arbeiten, sondern etwas bewegen wollten. Die Haltung zeigten. Die veränderten. Sie spürte eine neue Sicherheit. Eine neue Sehnsucht. Nicht nur nach Antworten, sondern nach echter Veränderung.

Und dann kam er. Der Gedanke. Zart. Leise. Fast flüchtig. Aber klar: *Warum gibt es dieses Magazin nur für Vermittler und nicht auch für uns als Kunden?*

In diesem Moment entstand mehr als nur eine Idee. Es war ein Impuls. Eine Vision. Eine Brücke. Eine Verbindung zwischen Fairmittler und Fairbraucher.

Noch war es nur ein Gedanke. **Aber Gedanken haben Macht.** Und manchmal verändern sie die ganze Welt.

JETZT BIST DU DRAN

HALTE DEINE GEDANKEN FEST. SIE SIND WERTVOLL.

Mein wichtigstes Learning

Mein wichtigstes To-do

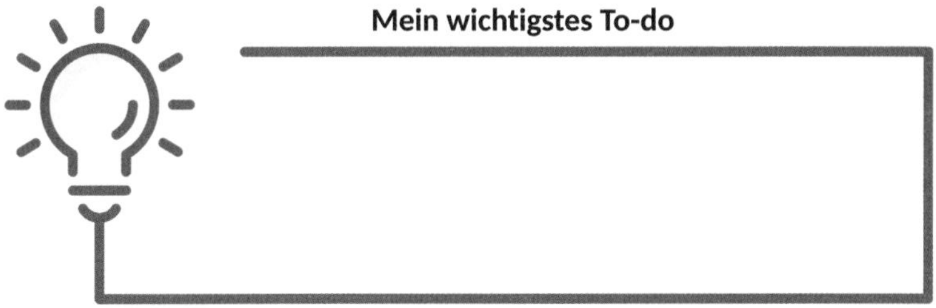

KAPITEL 2
FAIRMITTELN STATT VERKAUFEN

EIN (JAHRES-)AUFTAKT MIT ÜBERRASCHUNGSPOTENZIAL

Noch eine Woche bis zur Jahresauftakttagung der *Pfefferminzia-Assekuranz*. Allein das Wort ließ Tom innerlich zusammenzucken und gleichzeitig leicht aufatmen. Diese Veranstaltung löste in ihm ein Wechselbad der Gefühle aus: Vorfreude auf bekannte Gesichter, auf das Wiedersehen mit Kollegen. Und gleichzeitig Frust. Denn Jahr für Jahr standen dieselben Gesichter oben auf der Bühne und räumten Pokale ab. Tom? War immer Zuschauer. Dritter Rang von hinten. In der Kategorie: »Nett gemeint, aber bitte noch mal neu starten.«

Er hatte die Rangliste erst wenige Tage zuvor per Mail erhalten. Die ersten drei Plätze wie jedes Jahr vergeben: an Verkaufsgötter in Maßanzug, deren Haare auch bei Gegenwind perfekt saßen. Besonders einer fiel ihm immer wieder auf: Mark Steuberg. Der charismatische Erfolgsmensch. Tom hatte ihn bisher nie angesprochen. Was hätte er ihm auch sagen sollen? »Hallo, ich bin der Tom, der es wieder nicht auf die Bühne geschafft hat.«

Wie jedes Jahr buchte Tom sich ein Hotelzimmer in der Nähe der Veranstaltung. Und wie jedes Jahr traf er dort auf Claus – einen kolossalen Kumpel aus Süddeutschland, mit Krawatte auf Halbmast, Witzen auf Stammtischniveau und einem Frikadellenkonsum, der selbst Metzgermeister zu Tränen rührte. Claus war die menschgewordene Mischung aus Feierabendbier und Versicherungsanekdoten. Tom mochte ihn. Aber an diesem Abend spürte er: Irgendetwas hatte sich verändert. In ihm.

»Irgendwas ist anders an Dir«, sagte Claus, kauend auf einem Käsehäppchen. Tom nickte. »Vielleicht, weil ich zum ersten Mal nicht nur für andere, sondern auch für mich eine Entscheidung getroffen habe.«

Bevor Claus antworten konnte, ertönte das Gongsignal. Showtime.

Sechs Stunden später – nach zu viel Kaffee, zu wenig Essen und mindestens drei *PowerPoint*-Folien zu viel – ging Tom aufs Zimmer. Am Abend folgte das Galadinner. An seinem Tisch: niemand Bekanntes. Dafür – welch Ironie – drei Plätze entfernt: Mark Steuberg. Das Idol. Die menschliche Benchmark. Tom schwitzte plötzlich mehr wegen der Nähe zu Steuberg als wegen der warmen Tischbeleuchtung. Und dann geschah das Unfassbare.

»Herr Mainke? Schön, Sie hier zu sehen.« Mark Steuberg, der Titan des Vertriebs, reichte Tom die Hand. »Ich bin übrigens der Mark. Ist das für Sie ok?« Tom stotterte: »Ja, natürlich.«

»Ich kenne Ihren Agenturleiter, Heiko. Ein feiner Kerl. Er hat viel von Ihnen erzählt. Dass Sie mehr draufhaben als Sie selbst glauben. Dass Sie einer sind, der auf Augenhöhe arbeitet. Und das – glauben Sie mir – ist selten geworden.«

Tom war sprachlos. Zwischen Mousse au Chocolat und Networking entstand ein Moment, der sein Innerstes traf. Kein Verkaufsskript der Welt hätte diese Wirkung erzielen können.

Später am Stehtisch legte Mark ihm die Hand auf die Schulter. Nicht als Mentor, sondern als Mensch. Er erzählte Tom von seinen eigenen Anfängen – von seinen Misserfolgen und von den Unsicherheiten. Von Tagen, an denen er nichts verkaufen konnte, weder sich noch seine Idee von Beratung. Aber er blieb. Ging weiter. Entwickelte sich.

»Weißt Du, Tom«, sagte er, »ein guter Vermittler ist nicht der, der verkauft, sondern der, der zuhört.«

Dann wurde Mark zur Bühne gerufen – wieder einmal geehrt für seine zehn Jahre ungebrochene Exzellenz.

Bevor er ging, drehte er sich noch einmal um: »Bestell Dir morgen das Magazin ***Fairmittler***. Vertrau mir. Du wirst fairstehen und lernen. IKIGAI.« »IKIGAI?«, fragte sich Tom. Aber da war Mark bereits auf dem Weg zur Bühne.

DIE HEIMFAHRT

Am nächsten Tag fuhr Tom früher heim. Auf einem Rasthof zwischen Latte Macchiato und Lkw-Brummen suchte er das Magazin im Internet. Titel der nächsten Ausgabe:

**»EIN GUTER BERATER IST KEIN VERKÄUFER,
SONDERN EIN DOLMETSCHER FÜR BEDÜRFNISSE.«**

- INTERVIEW MIT BERND HELMSAUER -

Tom klickte auf »Abonnieren«. Kein Zögern. Kein Warten. Kein Wenn und Aber.

Eine Woche später hielt er das Heft in den Händen. Und als er die ersten Seiten aufschlug, wusste er: *Die Bühne war nie das Ziel. Aber der Weg dorthin beginnt mit einer Entscheidung. Seiner.* Und was IKIGAI bedeutet, würde er noch früh genug erfahren ...

EIN GUTER BERATER IST
KEIN VERKÄUFER,
SONDERN EIN DOLMETSCHER
FÜR BEDÜRFNISSE.
BERND HELMSAUER
VORSTAND HELMSAUER GRUPPE
DÜRRENHOFSTR. 4 - 90402 NÜRNBERG
MEHR INFOS:

INTERVIEW BERND HELMSAUER - VORSTAND DER HELMSAUER GRUPPE

Ein Großunternehmen mit Menschlichkeit und hohem Verantwortungsbewusstsein.

WER WIR SIND

Wir stehen für eine neue Art des Vertriebs. Einen, der Verantwortung übernimmt, statt Druck zu erzeugen. Unsere Unternehmensphilosophie beruht auf einer Haltung, die tief verankert ist: **Beratung kommt vor Verkauf, Mensch vor Bilanz.** Unsere Berater sind keine Verkäufer, sondern echte Wegbegleiter. Diese Überzeugung leben wir – von der Führungsebene bis zur Beratung am Kunden.

UNSER ANSPRUCH

- Höchste Fachlichkeit gepaart mit Menschlichkeit
- Beratung, die sich an echten Bedarfen orientiert
- Ein strukturiertes, unternehmenseigenes Qualifizierungsmodell
- Führung durch Vorbild – jeder in Leitungsfunktion berät weiterhin aktiv
- Nachhaltige Kundenbeziehungen statt kurzfristiger Verkaufsabschlüsse

HALTUNG UND WERTE: FAIR IM ALLTAG

F achlichkeit

A uthentizität

I nteresse am Menschen

R eflexion

Diese vier Buchstaben definieren unser tägliches Tun. Für uns sind Vertrauen, Loyalität und Nachhaltigkeit keine leeren Floskeln, sondern gelebte Praxis. Wir glauben an langfristige Beziehungen, nicht an schnellen Umsatz.

BERATUNG ALS KERNKOMPETENZ

Beratung ohne Praxisnähe ist für uns undenkbar. Deshalb gilt bei uns: Wer führt, muss auch beraten. Denn nur wer Kunden wirklich versteht, kann Entscheidungen begleiten. Wir legen Wert auf Dialog, nicht auf Monolog – und auf Zuhören vor Erklären.

»Wir beraten nicht, um nur zu verkaufen. Wir beraten, weil wir Verantwortung tragen.« Unsere Gespräche sind immer individuell – niemals nach Schema F. Denn: Produkte sind austauschbar. Menschen nicht.

VERTRIEB MIT ETHIK – STATT MIT ELLBOGEN

Verkauf kann nur dann fair sein, wenn die Haltung stimmt. Wir hinterfragen Abschlussdruck, kritisieren überhitzte Provisionsmodelle und setzen stattdessen auf:

- Bestandsvergütung statt Provisionsjagd
- Verantwortung statt Gier
- Verzicht auf Beratung bei Nichtwissen, denn Ehrlichkeit schützt beide Seiten

FACHLICHKEIT MIT SYSTEM

Unsere eigene Akademie bildet nicht nur aus, sondern weiter. Sie ist Ausdruck unseres Qualitätsanspruchs – und unser USP in einer Branche, die zu oft auf Quantität statt Qualität setzt.

DER GRÖßTE MANGEL IM MARKT?

Unzureichende Qualifikation. Unsere Antwort? Konsequente Weiterbildung mit Tiefgang und Praxisbezug.

DER MENSCH BERND HELMSAUER

Ich bin im Jahre 1965 geboren. Meine Lieblingssparte ist die Betriebshaftpflicht, weil sie »Existenzsicherung pur« bedeutet.

Mein größter Erfolg? Die Treue meiner Mitarbeiter. Viele von ihnen sind seit Jahrzehnten an meiner Seite.

Meine größte Niederlage? Menschliche Enttäuschung trotz großer Wertschätzung. Ich liebe, was ich tue. Weil es für mich kein Job ist. Es ist meine Identität.

**»WENN DU KEIN INTERESSE AM MENSCHEN HAST,
HAST DU IM VERTRIEB NICHTS VERLOREN.«**

- BERND HELMSAUER -

Wir verkaufen nicht. Wir verbinden.

Wir überzeugen nicht. Wir verstehen.

Wir streben keine Kundentermine an. Wir bauen Beziehungen.

Wer wissen will, wie fairer, nachhaltiger Vertrieb heute aussehen kann, der findet in der *Helmsauer Gruppe* keine Theorie, sondern gelebte Wirklichkeit. **Authentisch. Klar. Menschlich.**[3]

BERND HELMSAUER

---

[3]Interview vom 27.05.2025 – Interviewer Christian Seeger

NACHKLANG DES INTERVIEWS - EIN WENDEPUNKT FÜR TOM

Tom war wie hypnotisiert, als er die letzten Zeilen des Interviews gelesen hatte. Die Klarheit, die Präzision, die Tiefe – sie hatten ihn getroffen wie ein Blitz, der nicht zerstört, sondern den inneren Himmel aufreißt.

»Wow. Das sind mal klare Worte. Von diesem Menschen bin ich Lichtjahre entfernt.« Sein erster Impuls war Scham. Nicht vor Bernd Helmsauer, sondern vor sich selbst. Weil er spürte, was alles möglich wäre – wenn man bereit ist, Verantwortung wirklich zu tragen. Nicht als Pflicht, sondern als Haltung.

Dieses Gefühl, sich klein zu fühlen, war nicht angenehm. Aber es war echt. Und es war der Beginn eines Umbruchs. Denn schon in der nächsten Sekunde geschah etwas, das er nicht erklären konnte: der Impuls, aufzustehen. Weitermachen zu wollen. Es war, als hätte jemand innerlich ein Licht angezündet.

Wenn dieser Mensch das lebt, dann ist es möglich. Und wenn es möglich ist, dann kann auch ich es lernen.

Er erinnerte sich an die Worte von Mark Steuberg auf der Jahresauftakttagung: »Es geht nicht darum, perfekt zu sein. Es geht darum, Haltung zu zeigen. Immer wieder. Jeden Tag.«

Das Interview hatte ihn durchgerüttelt. Er war zwar ein Stück überfordert, aber auch berührt, inspiriert und neu ausgerichtet. Denn was Bernd Helmsauer verkörperte, war mehr als nur Professionalität: Es war eine tiefe Verankerung in seinem eigenen Wertesystem. Der wertvollste Punkt war nicht die Fachlichkeit. Nicht einmal das Führungsprinzip.

Es war dieser Satz: »Ein guter Berater ist kein Verkäufer, sondern ein Dolmetscher für Bedürfnisse.«

Das war es, was Tom wollte. Und zugleich wusste er: Dazu musste er selbst noch viel über seine eigenen Bedürfnisse lernen. Aber es war ein Anfang. Und der Anfang war ehrlich.

Er legte das Interview beiseite, schloss die Augen und lächelte zum ersten Mal an diesem Tag nicht aus Pflichtgefühl, sondern aus echter, leiser Vorfreude.

Ich habe keine Ahnung, wie genau ich das machen soll. Aber ich weiß, dass ich es will. Und das reicht für heute.

Er war noch lange nicht am Ziel. Aber das Ziel hatte begonnen, ihn zu verändern. *Und vielleicht*, so dachte Tom, *vielleicht ist das ja genau der Punkt, an dem jeder neue Weg beginnt: nicht mit einem Plan, sondern mit Ehrfurcht und Respekt. Und mit der Entscheidung, sich auf die Suche zu machen.*

JETZT BIST DU DRAN

HALTE DEINE GEDANKEN FEST. SIE SIND WERTVOLL.

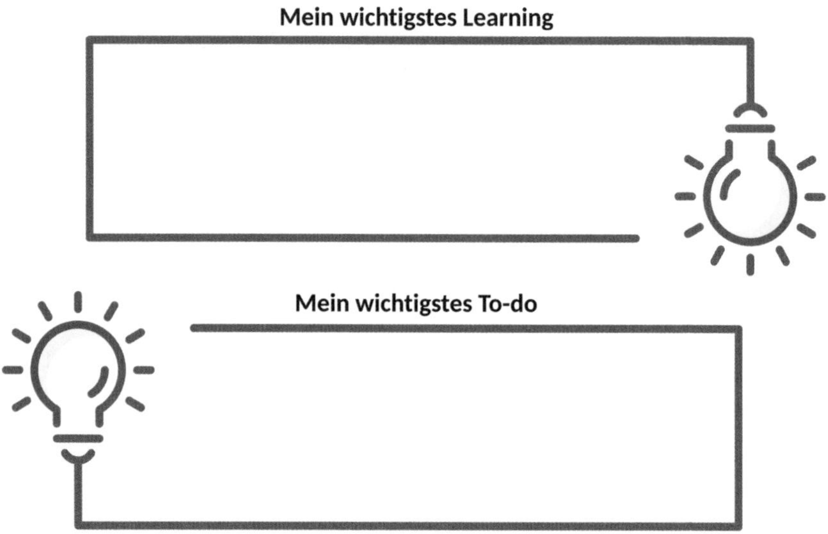

KAPITEL 3
FAIRKAUFSENTSCHEIDUNG - MIT BEDEUTUNG

Lina hatte sich entschieden – nicht für den bequemsten, sondern für den mutigsten Weg. Nach ihrem Lehramtsstudium entschied sie sich gegen den sicheren Beamtenberuf und für das, was sie schon als Kind begeistert hatte: **das Handwerk, das Anfassen, das Erschaffen. Sie begann eine Tischlerlehre.** Ein Schritt, der für sie Befreiung war und für ihre Eltern ein Schock.

Aber manchmal ist der eigene Weg nur sichtbar, wenn man sich von den Erwartungen anderer löst.

An einem sommerwarmen Abend wollte sie mit Clara, ihrer besten Freundin, diesen neuen Lebensabschnitt feiern. Im Lieblingskino mit Popcorn, Nachos und einem rührenden Film.

»Haben Sie noch einen Wunsch?« Doch bevor der Vorhang fiel, fiel etwas anderes: der Groschen.

Denn während sie an der Snacktheke standen und Lina der Preis fast das Karamell aus dem Gesicht trieb, wurde ihr eines schlagartig klar: *Überall wird verkauft. Nicht nur in der Versicherung.*

Und hinter jeder Kaufentscheidung steckt ein Gefühl – ein Wert.

Beim Kino war es für sie:

- Gemütlichkeit
- Genuss
- Inspiration
- Freundschaft

Das gehört für mich dazu. Ich bezahle nicht für Mais und Käse. Ich bezahle für das Kinogefühl, so Lina.

KAUFENTSCHEIDUNGEN BASIEREN SELTEN NUR AUF FAKTEN

Ein emotionaler, ganz persönlicher Mehrwert - und sie bezahlte nicht für das Produkt, sondern für das Erlebnis. Und bei Versicherungen geht es um die rationale und emotionale Verbindung von persönlichen Erlebnissen und individuellen Lebensthemen, welche man absichern möchte - entweder, um Schmerz zu vermeiden, oder Freude zu gewinnen.

Sie erzählte Clara von ihrer neuen Sicht auf Versicherungen, von ihren Erlebnissen in den Versicherungsagenturen und von Milo, ihrem Hund. Vor allen Dingen berichtete sie von ihrer beruflichen Umorientierung und ihren Plänen, sich später als Tischlerin selbstständig zu machen. Clara war begeistert. Sie war bereits selbstständig, vor Jahren hatte sie den Bäckerei-Betrieb ihrer Eltern übernommen. Voller Stolz führt sie mittlerweile das Geschäft mit fünf Filialen und insgesamt 35 Mitarbeitern im Bereich Produktion, Verwaltung und Verkauf. Aber Clara berichtet hier nicht nur Positives. Vor allen Dingen machen ihr die hohen Ausfallzeiten ihrer Mitarbeiter wegen Krankheit große Sorgen. Wegen der hohen Inflation ist der Wunsch der Belegschaft groß, von Gehaltssteigerungen zu profitieren. Wegen aktuell hoher betriebswirtschaftlicher Kosten sucht Clara nach einer guten Alternative, um ihre Mitarbeiter zu fördern und an ihr Unternehmen zu binden. Bislang vergebens.

Lina erinnert sich an einen Artikel aus dem ***Fairmittler***-Magazin, in dem die *AXA-Agentur Spilles* als Experte über die betriebliche Krankenversicherung spricht. Durch Zufall hatte Lina dieses Exemplar im Auto. Sie reichte es Clara - und veränderte damit nicht nur ihre Einstellung, sondern ihre Entscheidung.

»EINEN VORSPRUNG IM LEBEN HAT, WER DA ANPACKT,
WO DIE ANDEREN ERST EINMAL REDEN.«

- JOHN F. KENNEDY -

INTERVIEW STEPHAN UND THORSTEN SPILLES - AXA-AGENTUR EUSKIRCHEN

Wo Tradition auf Moderne trifft und Zukunft mit Herkunft und Haltung fairbunden wird.

WER WIR SIND

Wir sind Stephan und Thorsten Spilles – zwei Brüder, die eine Mission verbindet: das, was unser Vater aufgebaut hat, weiterzuentwickeln. Nicht, um in seine Fußstapfen zu treten, sondern um neue Wege zu gehen – mit dem Respekt vor der Vergangenheit und dem Blick auf die Zukunft. Seit der Übernahme im Jahr 1989 sind wir nicht in der Tradition stecken geblieben. Wir haben sie zum Startpunkt gemacht. Aus Tradition kümmern wir uns um die gesundheitliche Absicherung unserer Kunden, mit Erfolg. Seit Jahren führen wir die Produktion im Bereich der Krankenversicherung bundesweit an und verhelfen tausenden Kunden zu einer besseren Versorgung im Krankheitsfall.

UNSERE STRATEGIE: AUS SPEZIALISIERUNG WIRD EXZELLENZ

Wir kennen unsere Zielgruppen nicht nur, wir verstehen ihre Lebenswelt. Deshalb beraten wir nicht nur, sondern begleiten.

UNSERE SPEZIALISIERUNGEN

- Betriebliche Krankenversicherung
- *fitinsref*
- *Feuerwehrmann.nrw*

Warum ist die **betriebliche Krankenversicherung** (bKV) für uns so wichtig? Wir kennen das Gesundheitssystem genau und wissen um die großen Vorteile einer privatärztlichen Versorgung. Durch die bKV schaffen wir eine besondere Möglichkeit für Angestellte, von solch einer Versorgung zu profitieren. Und für Unternehmen ist dies eine großartige Gelegenheit, steigenden Krankheitskosten entgegenzuwirken und gleichzeitig einen echten Mehrwert vom ersten Tag an zu liefern. Diese Kombination ist für alle Seiten eine Win-win-Situation.

ERGEBNIS: PLATZ 1 BEI AXA IM BEREICH KRANKENVERSICHERUNG.

Mit unserer eigenen Marke *fitinsref* haben wir ein Konzept entwickelt, das Aufklärung, Sicherheit und Lebensbegleitung verbindet. Kein Tarif-Flyer, sondern ein echtes Navigationssystem für eine oft überfordernde Lebensphase.

UNSERE BERATUNG: NICHT LAUT, SONDERN KLAR.

Wir verkaufen nicht. Wir erklären. Wir überzeugen nicht mit Druck, sondern mit Relevanz. Denn wenn eine Beratung Leben absichern soll, braucht dieser Prozess Zeit, Tiefe und Vertrauen.

WAS UNS PRÄGT

- Beratung = Fairantwortung
- Mensch > Abschluss
- Ahrtal-Flut = Schlüsselmoment: Wie ein geschätzter Kollege von uns es auf den Punkt brachte: »Wir bauen keine Häuser, aber wir helfen, sie wieder aufzubauen.«

Unsere Unternehmenskultur: Champions League auf Augenhöhe. Hier wird nicht »gearbeitet« – hier wird gemeinsam gewirkt.

UNSER TEAMANSATZ

- 26 Mitarbeiter, die alle entsprechend ihren Stärken eingesetzt werden
- Strukturierte Einarbeitung mit eigener Lernplattform und Videotrainings
- Wöchentliche Feedback- und Entwicklungsgespräche

- Klare Haltung: »Erfolgreich ist, wer andere erfolgreich macht.«

Wertschätzung ist bei uns kein Schlagwort. Es ist ein System. Und ein Versprechen.

DIGITALISIERUNG: KEIN HYPE, SONDERN HILFE.

Wir nutzen Technik nicht zur Effizienz, sondern zur echten Kundennähe. Was uns wichtig ist:

- Videoberatung und Online-Kommunikation mit Struktur.
- *WhatsApp* und Automatisierung – dort, wo der Kunde lebt.
- Aber: Digitale Nähe ersetzt nie echte Nähe. Sie bereitet sie vor.

Unser Credo: »Digitalisierung ist nicht das Ziel – sie ist der Weg zur besseren Beziehung.«

WAS UNS ANTREIBT UND AUSMACHT

Für Kunden:

- Beratung auf Augenhöhe
- Verständliche Aufklärung statt Verkaufsrhetorik
- Spezialisierung mit Substanz
- Echte Begleitung, auch digital

Für Mitarbeiter:

- Struktur trifft auf Herz
- Wachstum in Kompetenz UND Persönlichkeit
- Teamgeist mit Substanz statt Schein
- Ein Umfeld, in dem Du als Mensch und Profi wächst

UNSER USP - AUF DEN PUNKT GEBRACHT

Wir sind nicht einfach Vermittler. Wir sind Möglichmacher, Klarheitsgeber und Wegbegleiter mit einer Haltung, die wirkt.

Denn wir glauben:

- Fleiß schlägt Talent
- Qualität schlägt Quantität
- Stolz entsteht aus Wirkung

Wir beraten auf Augenhöhe. Mit Vertrauen. Für Lebensrealitäten.[4]

STEPHAN & THORSTEN SPILLES

---

[4] Interview vom 30.04.2025 – Interviewer Christian Seeger

NACHKLANG DES INTERVIEWS

Als Clara das Interview mit der *AXA-Agentur Spilles* las, war es, als würde sich ein Knoten in ihrem Kopf und Herzen gleichzeitig lösen. Zeile für Zeile, Satz für Satz spürte sie es:

Das ist keine Verkaufsnummer. Das ist echtes Interesse an mir, meinem Leben, meiner Zukunft. An meinem Unternehmen und meinen Mitarbeitern. Die betriebliche Krankenversicherung ist die Lösung für meine aktuellen Herausforderungen.

Und das traf bei ihr genau ins Schwarze. Da kam das Magazin mit der *Agentur Spilles* gerade recht.

Clara kannte Lina noch aus Schulzeiten. Die beiden hatten viele Nächte gemeinsam für das Abitur gelernt, Kaffee intravenös konsumiert und von ihren Zukunftsvisionen gesprochen. Die *AXA-Agentur Spilles* würde die seit Monaten noch offenen Fragen von Clara mit einem Schlag über die betriebliche Krankenversicherung lösen können:

- Wie reduziere ich die Fehlzeiten meiner Mitarbeiter nachhaltig?
- Wie motiviere ich meine Mitarbeiter und binde sie langfristig an meinen Betrieb?
- Wie kann ich Bewerber mit zusätzlichen Benefits für unser Unternehmen begeistern?

Jetzt wusste sie es.

Mit der Agentur Spilles habe ich Experten an meiner Seite, welche mir nicht nur bei meinen Herausforderungen helfen, sie bringen mit der betrieblichen Krankenversicherung eine vollkommen neue Dimension der Qualität in mein Unternehmen. Fachlich. Menschlich. Verlässlich.

Clara war begeistert.

»Wow, solche Menschen gibt es also wirklich in der Versicherungswelt? Ich habe Stephan und Thorsten jedes Wort geglaubt, weil es echt war. Authentisch. Auf den Punkt. Direkt am Montag werde ich Kontakt aufnehmen und ein erstes Online-Gespräch vereinbaren.«

Lina lächelte ein bisschen stolz und ein bisschen erleichtert.

»Du wirst es nicht bereuen. Die *Agentur Spilles* gehört zu den Besten, sonst wäre sie nicht Teil dieses Magazins. Was sie aufgebaut haben, ist kein klassischer Vertrieb, sondern eine Vertrauensbrücke. Und sie sind nicht umsonst mit der betrieblichen Krankenversicherung DIE Spezialisten, wenn es ums Thema Gesundheit geht.«

LINAS LEARNINGS

Lina dachte nicht mehr nur an Risiken, Preise und staatliche Auffangnetze. Sondern an ihre eigenen Werte:

- **Freiheit:** Was, wenn ich mal länger krank bin und mein Einkommen fehlt?
- **Selbstbestimmung:** Was, wenn ich mir später mal etwas aufbauen möchte?
- **Verantwortung:** Was, wenn ich niemandem zur Last fallen will?

Sie erkannte: *Meine Komfortzone war mein größtes Risiko.* Denn sie hatte das Thema Absicherung immer nach hinten geschoben, in der Hoffnung, dass »schon alles gut gehen würde«.

- ✔ Versicherungen sichern **Existenz** (Grundbedürfnisse und Sicherheit)
- ✔ Gute Beratung stiftet **Zugehörigkeit** (Beziehung und Fairbindung)
- ✔ Selbstbestimmte Absicherung schafft **Wertschätzung** (Selbstachtung)
- ✔ Und wer selbst entscheidet, übernimmt **Selbstfairwirklichung** (Haltung und Planung)

EIN WIRKUNGSVOLLER URLAUB - WENN AUS BILLIG TEUER WERDEN KANN

Tom dachte immer, er sei klug. Clever. Preisbewusst. Der Typ, der Rabatte roch, bevor sie gedruckt waren. Seine Familie wusste: Wenn Tom bucht, wird es günstig. Nicht billig, wie er es nannte, sondern »preislich durchdacht«. Doch dieser Sommerurlaub sollte ihm eine Lektion erteilen, die keine Ausbildung je vermitteln konnte. Sondern nur das Leben.

Griechenland. Sonne. Meer. Halbpension. Die Bilder sahen traumhaft aus. Die Bewertungen waren ... solide. Und der Preis? Ein echter »Schnapper«. Tom war stolz. Stolz, es mal wieder allen gezeigt zu haben: Luxus muss nicht teuer sein. Doch dann kam die Landung. Im doppelten Sinne.

Schon beim Betreten der Hotellobby spürten Tom und seine Frau Elena, dass die Einstufung als 4-Sterne-Hotel sehr dehnbar sein konnte. Der Marmor glich eher Mörtel. Und der Pool kam einem Planschbecken für Schildkröten gleich. Und der Service? Nennen wir es: antik. Elena war still. Zu still. Und Tom spürte diesen Stich. Diesen Moment, in dem man merkt: »Ich habe nicht gespart. Ich habe versäumt.«

Sein innerer Kritiker meldete sich. ***Wer billig kauft, kauft zweimal.*** Ein Spruch seines Vaters. Einer dieser alten, nervigen Lebenssätze, die erst dann schmerzhaft wahr werden, wenn man sie am eigenen Leib erfährt. Und genau das tat Tom jetzt. Denn er, der sonst seine Kunden dazu ermahnte, nicht nur auf den Preis zu achten, hatte selbst auf den Preis gestarrt – und die Leistung übersehen.

Wie kann ich von Kunden verlangen, dass sie meine Beratung wertschätzen, wenn ich selbst nicht bereit bin, in Wert zu investieren?

Dieser Gedanke brannte sich ein.

Die Kehrtwende – nicht nur im Urlaub, sondern im Kopf

Zum Glück: Das Hotel hatte ein Upgrade. Neue Zimmer. Bessere Verpflegung. Zugang zum Wasserpark. Qualität, die man spürte. Tom zögerte. Doch diesmal nicht lange.

»Ein Upgrade für fast 50 Prozent mehr? Was ist los mit Dir?«, fragte Elena schockiert und gleichzeitig berührt.

»Das hier ist nicht teuer, es ist es wert«, antwortete Tom. Und zum ersten Mal meinte er es nicht nur.

Er fühlte es. Die Augen seiner Kinder. Das Lächeln seiner Frau. Die Gelassenheit in seinem Bauch. Tom hatte nicht nur ein besseres Zimmer gebucht. Er hatte Fairantwortung gebucht.

Der Transfer: Von der Sonnenliege zur Schadenregulierung

Während seine Kinder selig in der Rutsche verschwanden, ratterte es in Tom.

Wie oft habe ich schon erlebt, dass sich Kunden im Schadenfall beschweren, weil sie vorher gespart haben? Wie oft habe ich gesagt: ‚Das hätten wir absichern können' – und habe selbst gezweifelt, ob ich mich klar genug ausgedrückt habe?

Jetzt fairstand er. Nicht theoretisch. Nicht rhetorisch. Sondern existenziell.

»**Verkauf ist kein Abschluss. Es ist eine Einladung zur Selbstverantwortung.**«

Und der Preis, das wusste er jetzt, ist keine Zahl. Er ist ein Filter. Für das, was Menschen wirklich wichtig ist. Warum wählen Kunden billig? Und wie fairändern wir das?

Tom tauchte tief ein. In Bücher. Studien. Psychologie. Denn er wollte es verstehen, nicht nur verkaufen:

1. **Kognitive Vereinfachung**[5]

   »Was ich nicht verstehe, kann ich nicht bewerten. Also nehme ich den Preis.«

   Versicherungen sind komplex. Preise sind greifbar. Deshalb entscheiden Kunden oft aus Bequemlichkeit.

2. **Low-Interest-Produkt**

   Kein Schaden = Kein Erlebnis = Kein Bezug. Der Nutzen bleibt unsichtbar – bis es zu spät ist.

3. **Misstrauensprägung**

   Schlechte Erfahrungen, dubiose Vermittler, dubiose Produkte. Vertrauen? Fehlanzeige.

4. **Marktverzerrung durch Portale und Werbung**

   »Gleiches Produkt, nur billiger« – das suggerieren Vergleichsportale. Dabei wird der Preis zur Bühne und die Leistung zur Fußnote.

5. **Fehlende Lebensübersetzung**

   »80 Euro Beitrag? Klingt viel.« »2.800 Euro netto abgesichert, wenn Du nicht mehr arbeiten kannst.« Aha!

   Tom dachte weiter und stellte sich die Frage, die bleibt – und die jeder Vermittler stellen sollte:

   »**Wollen Sie lieber vor dem Schaden weniger bezahlen – oder nach dem Schaden mehr abgesichert sein?**«

   Er sprach zu sich selbst: »Und wenn der Kunde zögert, darfst Du innerlich schmunzeln. Denn Du weißt: Er hat gerade angefangen, wirklich nachzudenken. Und wir brauchen uns aus Vermittlersicht nicht immer Gedanken darüber zu

[5] Thinking, fast and slow - Daniel Kahnemann, Herausgeber Farrar, Starus und Giroux, Erscheinungstermin 2. April 2013

machen, ob wir etwas verkaufen. Denn: Verkauf ist überall. Aber **Fairkauf** beginnt da, wo Preis auf Haltung trifft. Mit einem klaren JA zur Verantwortung. Und einem klaren NEIN zur Selbstverleugnung. Denn wer billig denkt, verkauft billig. Aber wer **wertvoll denkt**, verkauft **Vertrauen**. Und das ist unbezahlbar.«

DIE HEIMREISE UND DER BEGINN VON ETWAS GRÖẞEREM

Als sich der Urlaub dem Ende zuneigte, saß Tom mit einem kalten Kaffee in der Hand und einem neuen Gefühl im Bauch am Flughafen von Heraklion. Keine Reue, kein Ärger, sondern Klarheit.

Die Entscheidung, nicht **nur auf den Preis**, sondern auch **auf die Leistung** zu schauen, hatte seinem Urlaub nicht nur eine Richtung, sondern auch Qualität gegeben. Seine Familie hatte gelacht, geschwommen und gelebt. Und das, so wusste Tom jetzt, war unbezahlbar.

Während Elena mit den Kindern durch den Duty-Free-Shop schlenderte, zog es Tom in einen kleinen Buchladen. Zwischen Kaugummi, Reiseführern und zahlreichen Bestsellern griff er zu einem schlichten schwarzen Notizbuch. Kein Schnickschnack. Nur leere Seiten und ein gedanklich bedeutungsvoller Titel, den er gleich auf Seite eins schrieb: ***Von der Hand in den Fairstand***.

Tom beschloss, ab sofort **nicht nur aus Fehlern zu lernen, sondern aus Erkenntnissen zu wachsen**.

Er würde dieses Notizbuch nutzen, um Gedanken, Fragen, Kundenreaktionen und Learnings festzuhalten. Nicht digital. Nicht als Memo. Sondern handgeschrieben. Denn was durch die Hand geht, bleibt besser im Herz. Er begann, die letzten Erkenntnisse aufzuschreiben:

ERKENNTNIS NR. 1:
PREIS SPART GELD – LEISTUNG ERSPART REUE

Hier ging es lediglich um ein paar Urlaubstage. Nicht um eine Invalidität. Oder um einen Pflegefall. Und auch nicht um ein Leben nach einem Schicksalsschlag. Und doch war das Prinzip eins zu eins übertragbar. Wenn ich nur auf den Preis achte, muss ich womöglich später doppelt zahlen. Nicht mit Geld, sondern mit Ärger, Enttäuschung, Reue. Denn was nützt mir der günstigste Vertrag, wenn ich im Ernstfall allein dastehe?

ERKENNTNIS NR. 2:
BILLIG IST NICHT GÜNSTIG UND TEUER IST NICHT IMMER FALSCH

Tom schrieb:

- ***Billig*** *bedeutet: Nur Preis. Keine Tiefe. Kein Service.*
- ***Günstig*** *bedeutet: Preis in Relation zur Leistung.*

Eine echte Investition, nicht nur eine Ausgabe. Denn Preis ist immer relativ. Ich weiß nie, ob ich wirklich das günstigste Angebot bekommen habe. Aber ich weiß sehr wohl, ob ich mich gut beraten gefühlt habe. Und das – so verstand Tom – ist der wahre Maßstab für den Wert einer Dienstleistung.

ERKENNTNIS NR. 3:
AUCH VERMITTLER MÜSSEN SICH ENTSCHEIDEN – FÜR WERT STATT LOCKPREIS

»Wenn ich als Vermittler dauerhaft mit Lockangeboten arbeite, untergrabe ich die Tiefe und Relevanz meines Berufsstandes.« Tom hielt inne. Schlug sein Buch auf und notierte:

- *Service im Schadenfall ist nicht vergleichbar, weil er menschlich ist.*
- *Wer Äpfel mit Birnen vergleicht, also eine Beratung vor Ort mit einem anonymen Vergleichsportal, wird den wahren Wert nie erkennen.*

- *Ein Versicherungsexperte ist nicht billig, jedoch sehr wertvoll. Und der Preis? Er sollte seiner Leistung entsprechen.*

Fazit in Toms Notizbuch: *Der Preis ist messbar. Vertrauen nicht. Service ist keine Maschine, sondern ein Mensch. Wer Leistung verkaufen will, muss sie zuerst selbst erkennen – und leben.*

Am Gate wartete seine Familie. Elena winkte. Die Kinder strahlten. Tom klappte das Notizbuch zu. Er fühlte sich ... fairändert. Nicht durch den Urlaub. Sondern durch die Erkenntnis: *Es beginnt bei mir. Bei meiner Haltung. Bei meiner Preiskommunikation.*

Ab heute: **FAIRKAUFT statt billiggedrückt**. Denn Kunden kaufen keine Tarife. Sie kaufen Menschen, denen sie vertrauen. Und genau dafür ist Tom jetzt bereit. Er übersetzte das Zusammengefasste speziell auf seine Arbeit mit den folgenden Erkenntnissen:

Leistung übersetzen

- Nicht: »BU bis 2.000 Euro.«
- Sondern: »Wenn Du morgen nicht mehr arbeiten kannst, bekommst Du trotzdem Dein Einkommen – jeden Monat. Ohne Schulden. Ohne Angst.«

Emotional kommunizieren

- Nicht: »Technikkram.«
- Sondern: »Was bedeutet Sicherheit für DICH – ganz persönlich?«

Verbindlichkeit statt Verkaufsdruck

- Nicht: »Willst Du das abschließen?«
- Sondern: »Was brauchst Du, um Dich sicher zu fühlen?«

Beziehungsaufbau VOR Produkt

Denn: Vertrauen ist der Rabatt, den man sich nicht erkaufen kann. Billig ist laut. Günstig ist leise, aber wirksam. Denn günstig ist fair. Fair zum Kunden. Fair zur Leistung. Fair zum eigenen Selbstwert.

Preis und Leistung sind Merkmale. Wert ist Wirkung.

Es geht im Verkauf nicht nur um den Preis. Auch nicht nur um Leistung. Es geht um Wert. Was ist mir meine Kaufentscheidung wirklich wert?

Tom schrieb später in sein Notizbuch: *Wir reden oft nur über Preis oder Leistung, aber eine echte Kaufentscheidung hängt vom Wert ab, den ich damit verbinde. Der Preis ist greifbar. Die Leistung ist vergleichbar. Aber der Wert, das ist das, was mir persönlich wichtig ist.*

In den darauffolgenden Wochen führte Tom weitere Gespräche. Intensiver. Offener. Ehrlicher. Und er bemerkte etwas, das ihn erneut wachrüttelte: Er hatte lange gedacht, wenn er seine Haltung klar kommuniziert, wenn er ganzheitlich berät und dem Kunden auf Augenhöhe begegnet, dann müsse der Kunde diese Haltung nur übernehmen – und der Abschluss sei logisch. Aber genau das war der Trugschluss. Tom erkannte: ***Menschen ticken unterschiedlich.*** Nicht jeder, der viel verdient, ist bereit, in seine Absicherung zu investieren. Nicht jeder, der wenig verdient, ist automatisch risikoscheu. Und nicht jeder Mensch teilt dieselbe Prioritätenliste.

Nicht jeder will Vollkasko, aber jeder hat ein Recht auf zumindest Teilkasko.

Was er früher unterschätzt hatte: Gute Haltung ersetzt keine ehrliche Auseinandersetzung mit der finanziellen Realität des Kunden. *Ja, Versicherung ist wichtig. Ja, Absicherung rettet Existenzen. Aber am Ende des Tages … muss jemand auch den **Beitrag bezahlen können.***

Und genau hier übernahm Tom echte Selbstverantwortung. Er lernte, nicht mit dem Portemonnaie des Kunden zu denken. Er fragte, was dem Kunden der Schutz wert sei – nicht, was er selbst für richtig hielt. Denn:

- Verantwortung heißt auch: Alternativen aufzeigen.
- Verantwortung heißt: Den Kunden nicht überfordern – aber auch nicht unterfordern.
- Verantwortung heißt: Auch ein »Nein« in einen Plan zu verwandeln.

Tom bot nicht mehr nur Empfehlungen an. Er entwickelte Strategien. Für Menschen. Für Einkommen. Für Lebensrealitäten. Wenn ein Kunde sagte: »Ich würde das sofort machen, wenn ich 1.000 Euro mehr hätte«, dann antwortete Tom nicht mehr mit Überredung, sondern mit Verständnis und einem realistischen Stufenplan. »Was ist aktuell möglich? Was ist verzichtbar? Und wie bauen wir über die Zeit Stück für Stück mehr Sicherheit auf?« Er erkannte: *Die beste Beratung ist nicht die, die alles verkauft, sondern die, die dem Kunden hilft,* ***Entscheidungen zu treffen, die zu seinem Leben passen.***

JETZT BIST DU DRAN

HALTE DEINE GEDANKEN FEST. SIE SIND WERTVOLL.

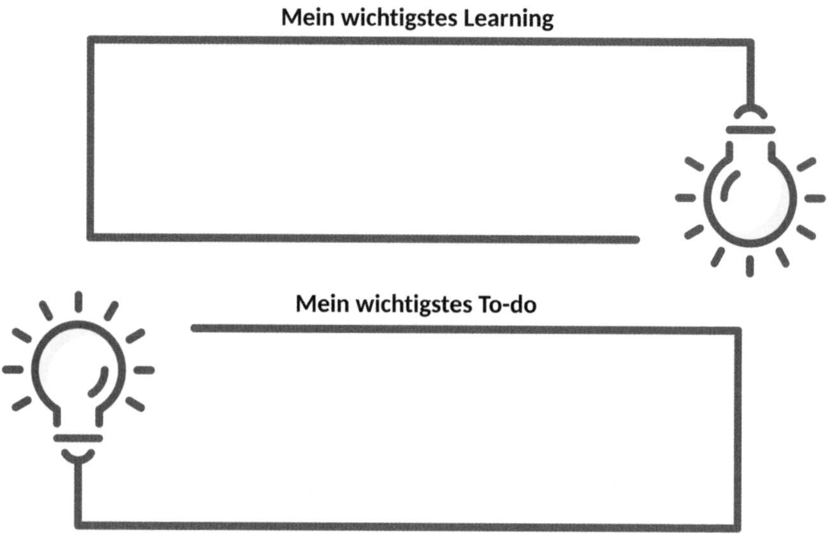

KAPITEL 4
FAIRSICHERUNGEN MIT KOPF UND HERZ

FINANZBILDUNG GEHT HEUTE ANDERS

Lina konnte es kaum erwarten. Seit Tagen hatte sie die Homepage vom Magazin ***Fairmittler*** immer wieder aufgerufen, den Blick auf die Vorschau gerichtet:

»Die Qualität der Branche hängt von der Qualität der Menschen ab, die wir in die Versicherungsbranche reinholen.«

Ein Satz. Einfach. Klar. Und doch wie eine Art Weckruf.

Es war das angekündigte Interview mit Bastian Kunkel und Lina spürte: Das wird etwas Besonderes. Schon das Interview mit Bernd Helmsauer hatte bei ihr wie ein innerer Seismograf gewirkt – leise, tief und unüberhörbar. Doch sie wusste: Jeder Mensch bringt eine andere Perspektive mit. Und genau das machte die Zeitschrift so wertvoll – nicht nur für die Branche, sondern auch für sie als Kundin. Als Mensch. Bis zur neuen Ausgabe waren es noch zwei Wochen – eine Ewigkeit, wenn man plötzlich wirklich verstehen will. Lina wollte die Zeit nicht nur überbrücken, sie wollte sie nutzen. Also begann sie zu recherchieren. Sie tauchte ein in eine Welt, die sie früher müde gemacht hatte – Versicherungen, Vorsorge, Absicherung. Doch plötzlich wirkte sie wach, aufmerksam, neugierig.

Und dann stieß sie auf ihn. Bastian Kunkel. Sein *YouTube*-Kanal war anders. Kein Verkaufssprech, keine leeren Versprechungen, keine druckvollen Hochglanzinszenierungen. Stattdessen: Klartext. Humor. Ehrlichkeit. Und vor allem: **Fairständnis für Menschen.**

Sein Stil war nicht nur informativ – er war motivierend. Finanzbildung zum Anfassen. Er erklärte nicht von oben herab, sondern auf Augenhöhe. Lina hatte das Gefühl, das erste Mal wirklich zu verstehen, worum es bei Versicherungen geht und warum sie so wichtig sind. Nicht irgendwann. Sondern *jetzt*.

Als der Tag der neuen Ausgabe kam, war Lina fast nervös. Am Nachmittag – wie immer pünktlich – lag das Magazin im Briefkasten. Sie ließ ihre Tasche fallen, zog sich nicht mal die Jacke aus, sondern blätterte sofort zur Interviewseite. Bastian Kunkel.

Sie begann zu lesen und spürte mit jeder Zeile, wie ihr Vertrauen in die Branche nicht nur wuchs, sondern neu geboren wurde. Seine Aussagen trafen sie nicht wie harte Fakten. Sie trafen wie Hoffnung. Hoffnung auf Transparenz, Ehrlichkeit und wahrhaftiges Interesse.

» WER KEINE ENTSCHEIDUNG TRIFFT,
TRIFFT DIE FALSCHE ENTSCHEIDUNG.«

- UNBEKANNT -

DIE QUALITÄT DER BRANCHE HÄNGT VON DER QUALITÄT DER MENSCHEN AB, DIE WIR IN DIE VERSICHERUNGS-BRANCHE REINHOLEN.
BASTIAN KUNKEL
GRÜNDER UND CEO VERSICHERUNGEN MIT KOPF
GAUSS ALLEE 1 - 82008 UNTERHACHING
MEHR INFOS:

INTERVIEW BASTIAN KUNKEL - VERSICHERUNGSMAKLER VERSICHERUNGEN MIT KOPF

Erst verstehen, dann versichern!

WER WIR SIND

Wir von *Versicherungen mit Kopf* stehen für transparente, verständliche und moderne Versicherungsberatung auf Augenhöhe. Unser Ziel ist es nicht, einfach nur Produkte zu verkaufen, sondern Menschen dabei zu helfen, selbstbewusste Entscheidungen zu treffen. Dabei verbinden wir klassische Fachlichkeit mit digitaler Kompetenz und einem klaren Wertefundament. Wir sind keine Verkäufer im herkömmlichen Sinne. **Wir aktivieren.**

HALTUNG, DIE FAIRKAUFT

Ich glaube, Versicherungen sind kein lästiges Muss, sondern ein zentraler Bestandteil moderner Lebensgestaltung. Aber nur, wenn man sie versteht. Deshalb investiere ich seit Jahren in Aufklärung, Sichtbarkeit und Verantwortung, online und offline. Unser Anspruch ist es, Versicherungen so zu erklären, wie sie wirklich sind: als Schutz für das, was Menschen lieben und brauchen.

»Ich sehe mich nicht als Verkäufer. Ich stelle gute Fragen. Ich gebe Impulse. Entscheiden? Das macht der Kunde.«

ERFOLG BRAUCHT ZEIT, DISZIPLIN – UND HALTUNG

Wir glauben nicht an Reichtum über Nacht. Wir glauben an Ausdauer, Lernwille und den Mut, neue Wege zu gehen. Unser Erfolg – vom *YouTube*-Kanal bis zum *Spiegel*-Bestseller – basiert auf etwas, das viele unterschätzen: **Durchhalten**. Ich habe gelernt, dass echter Erfolg nichts mit Glück zu tun hat, sondern mit Haltung, Klarheit und Konsequenz.

»Warten ist keine Strategie. Risiko lässt sich nicht verschieben.«

WEITERBILDUNG: PFLICHT, NICHT KÜR

Wir investieren kontinuierlich in Know-how, sei es Versicherungswissen, digitale Tools, KI oder Marketing. Alles ist im Wandel und wir gehen mit. Unser Team wächst fachlich und menschlich mit den Herausforderungen der Zeit. Ich habe mir alles Schritt für Schritt aufgebaut, weil ich überzeugt bin: Du brauchst keine Top-Noten oder ein BWL-Studium. Du brauchst Neugier, Klarheit und Verantwortungsgefühl.

UNSER FAIRKAUFSPRINZIP

Wir glauben: Wer fairkaufen will, muss verstehen, dass er zuerst Vertrauen verkauft. Unsere Basis ist FAIR:

F achlichkeit

A uthentizität

I nteresse am Menschen

R eflexion

Wir lehnen Manipulation ab. Wer drängt, verliert. Wer berät, gewinnt langfristig.

AUSBLICK: DIE BRANCHE IM WANDEL

Wir sehen, dass viele Vermittler verschwinden werden, nicht aufgrund der Digitalisierung, sondern weil sie sich nicht anpassen. Die Zukunft gehört denjenigen, die Kundenorientierung leben, online wie offline.

»Erfolg ist kein Sprint. Es ist ein verdammt langer Marathon. Aber mit Aussicht.«

PERSÖNLICHES VON BASTIAN

Ich trenne Beruf und Privatleben bewusst. Familie geht vor – immer. Beruflicher Erfolg ist wichtig, aber nicht alles. Es geht darum, jeden Tag ehrlich in den Spiegel schauen zu können. Mein größter Wunsch? Dass mehr Menschen mit dem Herzen in diese Branche kommen und nicht mit Dollarzeichen in den Augen. Denn unsere Branche schützt Leben, Existenzen, Freiheit. Und das verdient Menschen mit Kopf. Und mit Herz.

»Nur weil jemand sagt, es geht nicht, heißt das nicht, dass es nicht geht.«

»Wenn Du heute nicht entscheidest, entscheidest Du trotzdem. Nur unbewusst.«

»Ich will nicht manipulieren. Ich will den Kunden in seine eigene Verantwortung bringen.«

»Gute Beratung braucht keine Quote. Sie braucht Haltung.«

»Du willst ein Auto mit Top-Sicherheit, aber bei der Berufsunfähigkeitsversicherung den billigsten Tarif? Ernsthaft?«

FAZIT

Versicherungen mit Kopf steht für Klarheit, Verantwortung und die faire Rückkehr von Beratung als Berufung. Weg vom Verkaufen, hin zum Verständlichmachen. Weg von Taktik, hin zu Transparenz. Weg vom Ego, hin zum echten Interesse am Kunden.

Wer FAIRkaufen will, braucht vor allem eins: Haltung. Und wer das lernen will, sollte bei *Versicherungen mit Kopf* genau hinschauen.[6]

BASTIAN KUNKEL

[6] Interview vom 27.04.2025 – Interviewer Christian Seeger

NACHKLANG - WENN WORTE FEUER ENTFACHEN

Nicht nur das Interview hinterließ tiefe Spuren in Lina.

Noch am selben Abend bestellte sie sich sein Buch *TOTAL VER(UN)SICHERT: Was Du mit 18 über Versicherungen wissen solltest, aber mit 30 immer noch nicht weißt* – ein Titel, der nicht nur provozierte, sondern genau ihr Gefühl traf. Beim Lesen wurde ihr klar: Es ist nicht zu spät für einen Wandel. Es ist nicht zu früh, Verantwortung zu übernehmen. Es ist jetzt – genau jetzt – die richtige Zeit. Zum ersten Mal hatte sie einen klaren Überblick darüber, was Versicherungen wirklich bedeuten und welche sie persönlich braucht und welche nicht. Und das war sehr aufschlussreich.

Die Branche braucht kein neues Produkt. Sie braucht ein neues Bewusstsein. Nicht mehr Schein, sondern Sinn. Nicht mehr Taktik, sondern Haltung. Und so schrieb sie ein Wort in ihr Tagebuch – nur ein einziges: *fairdient*. Denn das ist es, was Kunden heute erwarten. Was Vermittler heute geben sollten. Was Menschen verbindet, wenn sie es ehrlich meinen. Lina hatte es verstanden.

»Versicherungen mit Kopf?« *Ja.*

»Versicherungen mit Bauch?« *Möglich.*

»Versicherungen mit Herz?« *Vielleicht.*

WAS AUFRÄUMEN MIT VORSORGE ZU TUN HAT

Nachdem Lina die letzten Seiten des Buches von Bastian Kunkel gelesen hatte, blätterte sie noch einmal im ***Fairmittler***.-Magazin, in dem auch das Interview mit ihm abgedruckt war. Während im Hintergrund leise Musik lief, blieb ihr Blick an einem Artikel von Christian Seeger hängen: »Was Aufräumen mit Vorsorge zu tun hat.«

Darauf prangte das Foto einer chaotischen Wohnung: Teller auf dem Tisch, Kissen auf dem Boden, leere Gläser in der Ecke. Lina musste grinsen. Genauso sah es bei ihr manchmal aus, wenn sie abends keine Lust mehr hatte, alles wegzuräumen. Die folgenden Sätze in dem Artikel trafen sie jedoch wie ein Schlag:

»Wer nicht aufräumt, verdrängt. Und wer verdrängt, vermeidet. Doch Verdrängung und Vermeidung verhindern kein Chaos, sie verzögern es nur. Am Ende musst Du es doch wegräumen. Oder Du zahlst doppelt: mit Deiner Zeit, Deinem Ärger oder bei der Vorsorge mit Deinem Geld und Deiner Sicherheit. Dieser Verdränger-Vermeidungs-Mix ist und bleibt eine Verliererstrategie, weil Du Dir damit selbst die Chance auf Schutz und Sicherheit nimmst. Verdrängen heißt: Ich schiebe es weg. Vermeiden heißt: Ich entscheide mich, nichts zu tun. Denn Verdrängung verhindert keinen Schaden. Sie verschiebt nur die Entscheidung, sodass aus einer kleinen Aufgabe ein großes Problem wird. Wer verdrängt und vermeidet, wird doppelt bestraft: mit dem Schaden, der vielleicht doch noch eintritt. Und mit dem Schmerz zu wissen: Ich hätte es verhindern können.

Deshalb ist Aufräumen wie Vorsorge. Es tut im ersten Moment vielleicht weh. Es kostet Zeit, manchmal Nerven und manchmal auch Geld. Aber Du freust Dich am nächsten Morgen darüber, dass Du es getan hast. Genauso ist es mit Versicherungen. Du räumst auf, entscheidest Dich, und später, wenn es kracht, denkst Du: Zum Glück habe ich es damals gemacht.«

Lina legte das Magazin kurz weg und schaute sich in ihrer Wohnung um. Sie dachte an all die Male, an denen sie morgens frustriert war, weil das Chaos sie wieder eingeholt hatte. Und sie spürte: Genau das galt auch für ihre Vorsorge.

Sie murmelte: »Verdrängen und Vermeiden, ... ich habe es selbst in der Hand.«

Lina lehnte sich zurück. Plötzlich wurde ihr klar: Es ging nicht nur um Versicherungen. Es ging um sie selbst. Um ihr Verhalten. Um ihre Gewohnheiten. Um die kleinen Entscheidungen, die darüber bestimmen, ob der morgige Tag leichter oder schwerer wird.

Noch am selben Abend fasste sie den Entschluss: *Genug damit! Ich räume jetzt auf. In meiner Wohnung. Und in meinen Versicherungen.* Sie begann damit, Teller in die Spülmaschine zu stellen und Decken zu falten. Außerdem machte sie einen Plan, um endlich ihre Versicherungsordner zu sortieren. Mithilfe des Buches von Bastian Kunkel hatte sie nun eine Orientierung und konnte besser einschätzen, welche Absicherung sie wirklich braucht.

Ihr wurde klar: Aufräumen war nicht nur ein Teil des Haushalts. Es war eine Frage der Haltung. Es war eine Entscheidung, die sie heute traf, damit sie sich morgen nicht ärgern musste.

WENN DER ZWEIFEL AN DIR NAGT, BEGINNT DIE SUCHE NACH DIR SELBST

Zwei Sätze ließen Tom einfach nicht mehr los:

**»EIN GUTER BERATER IST KEIN VERKÄUFER,
SONDERN EIN DOLMETSCHER FÜR BEDÜRFNISSE.«**

- BERND HELMSAUER -

**»DIE QUALITÄT DER BRANCHE HÄNGT VON DER QUALITÄT DER MENSCHEN AB,
DIE WIR IN DIE VERSICHERUNGSBRANCHE REINHOLEN.«**

- BASTIAN KUNKEL -

Zwei Sätze, so präzise wie ein Skalpell, die ihn tief im Inneren trafen. Zwei Sätze, die wie ein Spiegel wirkten – nicht verschönernd, sondern klärend. Und Tom? Tom fragte sich: *Bin ich überhaupt gut genug für diese Branche? Habe ich vielleicht gar nicht die Qualität, die meine Kunden verdienen? Wie soll ich als Dolmetscher der Bedürfnisse auftreten, wenn ich die Sprache selbst noch nicht verstehe?*

Anstatt Antworten kam Unsicherheit auf. Je mehr er suchte, desto weniger fand er. Tom begann, sich mit den Menschen zu vergleichen, die ihn in den Interviews so beeindruckt hatten – und genau das machte ihn klein. Viel zu klein.

EIN GEBURTSTAG MIT BEIGESCHMACK

Fünf Tage später stand sein Geburtstag an. Seine Frau Elena hatte eine Überraschungsparty geplant. Und zwar keine kleine, sondern eine große Feier mit Freunden, Verwandten und ein paar alten Bekannten. Alles war perfekt organisiert. Die Deko, das Essen, die Musik – alles war on point. Nur eines traf ihn eiskalt: **das Geschenk.**

Ein Achtsamkeitsseminar. Zwei Tage. Mit gebuchtem Termin. Tom und Achtsamkeit – das klang für ihn wie: Chakra trifft Versicherungsvertreter mit tollen Atemübungen im Hier und Jetzt. Oder wie vegane Wurst auf dem Grillfest beim Metzgerverein. Doch damit nicht genug: Ein alter Schulfreund, Paul, trat an ihn heran. Früher waren sie ein Team. Heute? Eher eine Konfrontation.

»Herzlichen Glückwunsch. Sag mal, bist Du eigentlich immer noch Versicherungsfuzzi? Oder endlich vernünftig geworden?«, zwinkerte Paul. Tom wurde plötzlich eiskalt. Ihm fiel alles aus dem Gesicht. Der Spruch brannte wie Essig auf einer offenen Wunde.

»Wenn Du mal etwas Seriöses machen willst: Wir suchen in der Firma einen kaufmännischen Mitarbeiter.« Paul lachte. Tom nicht. Die Party tobte, doch in ihm war es still. In seinem Kopf hämmerte nur noch diese eine Frage: *Was, wenn er recht hat?*

ACHTSAMKEIT WIDER WILLEN

Zwei Tage später. Seminarbeginn. Tom saß im Auto. Die Lust auf das Seminar? So gering wie die Beteiligung eines Kunden am Vertragsabschluss, der »nur mal schauen« will. Doch dann stand er im Raum. Dort wartete Yori. Trainer Yori wirkte entspannter als ein Kunde beim Ausfüllen eines Stornoformulars. Und sein erster Satz?

»Es ist, wie es ist. Aber es wird, was Du daraus machst.«

Tom explodierte innerlich. »Klingt nett. Aber ist im Alltag total unbrauchbar. In meiner Branche nicht zu gebrauchen.«

Yori blieb ruhig. »Danke, Tom. Was genau meinst Du damit?«

»Ich werde nicht ernst genommen. Nicht von Kunden. Nicht von Bekannten. Und die Kollegen, die erfolgreich sind, die verstehen ihre Kunden wirklich. Ich nicht.«

»Dann bist Du hier genau richtig.«

Was folgte, war keine Achtsamkeitsfloskel. Es war ein sezierender Dialog. Treffsicher. Persönlich. Schonungslos ehrlich. »Du hast gelernt zu verkaufen, ohne Dich selbst zu verstehen. Du wurdest ins Rennen geschickt, ohne zu wissen, wie Du startest. SHU-HA-RI[7], Tom. Darum geht es.«

SHU-HA-RI – DIE VERGESSENE GRUNDLAGE DES LERNENS

Ein Prinzip aus der japanischen Kampfkunst. SHU – Gehorsam: die Grundlagen, das Nachahmen, das Erlernen der Regeln. HA – Abkehr: die Regeln verstehen und zu hinterfragen beginnen. RI – Trennung: die Regeln frei interpretieren, sie hinter sich lassen und Neues schaffen.

Und Tom? Der hatte nie SHU bekommen. Er war direkt bei HA und RI eingestiegen – wie jemand, der das Dach eines Hauses baut, ohne ein Fundament zu haben.

Yori sprach ruhig: »Tom, Du kannst kein Dolmetscher sein, wenn Du die Sprache nie wirklich gelernt hast. Du brauchst Wurzeln, keine neuen Blätter. Noch nicht. Lass uns über das sprechen, was Dich wirklich antreibt. Nicht, was Du denkst, was Du tun müsstest.«

IKIGAI – WARUM DU MORGENS AUFSTEHST

Und da fiel zum zweiten Mal ein Begriff, der Tom bekannt vorkam: IKIGAI.[8] Ein japanisches Lebensprinzip, das sich aus vier Fragen speist:

1. Was liebst Du?
2. Worin bist Du gut?

---

[7] **SHU-HA-RI** stammt aus der japanischen Kampfkunst und ist eine anerkannte Lernsystematik in der Didaktik und modernen agilen Führung.

[8] **IKIGAI** wird in der Positiven Psychologie als Framework zur Sinnstiftung und zur Förderung innerer Motivation eingesetzt. Quellen u. a.: Ken Mogi, *The Little Book of Ikigai.*

3. Was braucht die Welt?
4. Wofür kannst Du bezahlt werden?

Die Schnittmenge dieser vier Kreise ist Dein **IKIGAI**. Dein *Wofür*. Dein *Warum*. Yori sagte: »Du bewunderst die erfolgreichen Fairmittler. Sie leben IKIGAI nicht aus Zufall, sondern bewusst.

Darüber hinaus sind diese Fairmittler wie Kletterer. Sie wissen, was es kostet, sich immer und immer wieder selbst zu überwinden. Sie haben verstanden, wie wichtig es ist, sich auf den nächsten Schritt zu konzentrieren und immer weiterzugehen. Mal fallen sie, mal rutschen sie ab, mal hängen sie in den Seilen. Aber sie geben niemals auf und erreichen ihr Ziel, weil sie wissen, wie wichtig Sicherheit ist. Das Prinzip ist ähnlich dem beim Klettern: Es geht um Vertrauen, Selbstüberwindung, Sicherheit, Kommunikation und Konzentration. Nicht der Gipfel ist das Ziel, sondern der Weg dorthin. Und diesen gehen sie gemeinsam mit ihren Kunden.«

Tom saß still. Noch stiller war sein Ego.

Zum Abschied stellte Yori Tom eine letzte Frage: »Weißt Du, in welche Richtung ein Baum wächst?«

Tom: »Nach oben?«

Yori: »Das ist nur die halbe Wahrheit. Zuerst nach unten. In die Tiefe. Unsichtbar. Mit Geduld. Und nur wer diese Wurzeln hat, wird später auch Früchte tragen.«

Tom war wie **fairzaubert**. Er wusste jetzt, worum es wirklich ging. Nicht um neue Verkaufstechniken, sondern um **Fairwurzelung**. Um Haltung. Um Klarheit. Und um die eigene Geschichte, die man sich selbst erzählen darf – neu, ehrlich, mutig. **Der Baum in Dir wächst nach unten.**

ZWEI TAGE SPÄTER

Tom schrieb zum ersten Mal in seinem Leben auf, warum er diesen Beruf gewählt hatte. Nicht, weil er Zahlen liebte, sondern weil er Menschen mochte. Weil er ein Kümmerer war. Weil diese Welt Versicherungen brauchte, die nicht nur verkauft, sondern auch verstanden wurden.

Ihm wurde klar, und er schrieb es in sein Notizbuch: *Ich bin kein Verkäufer. Ich bin ein Begleiter. Ein Dolmetscher. Und wenn ich mich selbst verstehe, verstehen mich auch meine Kunden. Ich bin nicht da, um Kunden zu überreden – ich bin da, um zu erklären, worum es wirklich geht. Haltung geht zunächst nach innen, um sich zu fairwurzeln, bevor daraus eine äußerliche Wirkung entstehen kann.*

JETZT BIST DU DRAN

HALTE DEINE GEDANKEN FEST. SIE SIND WERTVOLL.

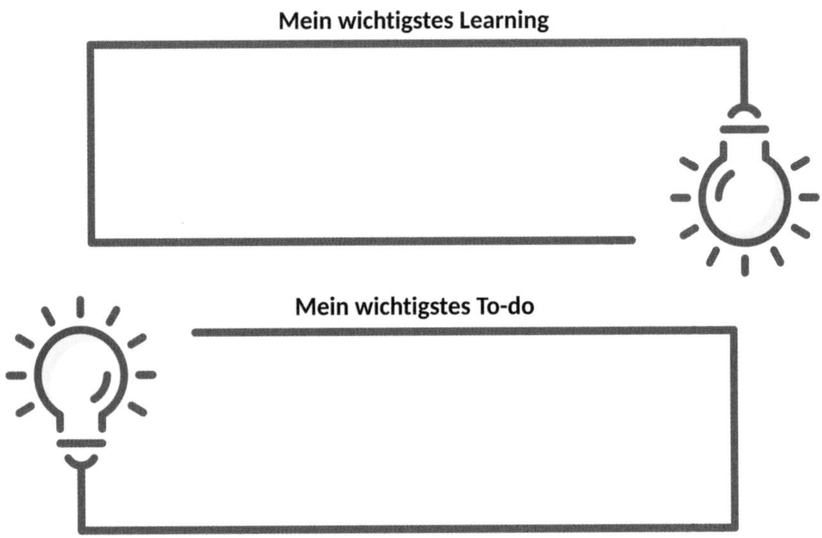

» WENN DU DEINE SICHT AUF DIE DINGE VERÄNDERST,
VERÄNDERN SICH DIE DINGE, DIE DU SIEHST.«

- DR. WAYNE DYER -

KAPITEL 5
FAIRSICHERN HEIẞT KLARHEIT SCHAFFEN

AUS UNTERSCHIEDEN WERDEN GEMEINSAMKEITEN

Tom saß wie elektrisiert an seinem Küchentisch. Zur gleichen Zeit saß Lina, Hunderte von Kilometern entfernt, auf ihrem Balkon in der Abendsonne. Beide hielten die neueste Ausgabe des ***Fairmittler***.-Magazins in den Händen. Noch hatten sie nichts voneinander gehört, doch sie schlugen fast wie ferngesteuert denselben Artikel auf: »Objektivität trifft Subjektivität – Warum gute Beratung trotzdem scheitert.«

Und dort stand sie. Diese unschuldig wirkende Szene mit der Zahl auf dem Tisch. Eine 6? Oder doch eine 9? Tom schmunzelte. *Klassischer Perspektivwechsel*, dachte er.

Abb. 1: 6 oder 9? Alles eine Frage der Perspektive!
Bildquelle: Christian Seeger

Lina runzelte die Stirn. »Krass. Das erklärt so vieles.« Was beide nicht wussten: Sie hielten gerade ein Brennglas über einen der zentralsten Konflikte in der Versicherungsberatung.

Im ***Fairmittler***.-Magazin stand folgender Beitrag:

WENN EINE ZAHL EINE GANZE BRANCHE ERKLÄRT – UND ZWEI MENSCHEN SICH SELBST NEU BEGEGNEN

Ein Beratungsraum. Ein Kunde. Ein Berater. Ein Blatt mit einer Zahl. Zwei Blickwinkel. Zwei Wahrheiten. 6 oder 9? Keine Einigung. Aber nicht, weil einer lügt. Sondern weil beide ehrlich sind, aber die Dinge anders sehen. Das Beispiel mag simpel sein. Doch seine Wirkung? Explosiv. Denn es legt offen, warum Beratung so oft ins Leere läuft: **Es gibt zwei Wahrheiten, aber kein gemeinsames Verständnis.**

ZWISCHEN ZAHL UND ZWEIFEL: WENN BERATUNG ZUM SCHATTENTANZ WIRD

Die Beratung ist technisch korrekt, die Risikoanalyse sitzt, der Tarif passt wie angegossen – und doch geht der Kunde. »Ich überleg's mir noch mal.« Was er meint: »*Ich habe kein gutes Gefühl. Und keine Ahnung, warum ich das jetzt entscheiden soll.*«

Und der Vermittler? Verlässt das Gespräch mit hängenden Schultern. *Ich war doch ehrlich. Ich wollte helfen. Warum geht er?* Weil zwei Menschen am Tisch saßen, aber keiner beim anderen ankam.

DIE DEUTSCHE SPEZIALITÄT: VERSICHERN JA – ENTSCHEIDEN NEIN

In Deutschland lieben wir Sicherheit. Wir wollen alles perfekt haben – bis zur letzten Vertragszeile. Und weil Perfektion unerreichbar ist, entscheiden wir uns oft lieber gar nicht. Lieber *Google* als Gespräch. Lieber Preisvergleich als Perspektivwechsel. Lieber Ausrede als Abschluss.

- **Verdrängung?** Die geheime Königsdisziplin der Kunden.
- **Druck?** Der tägliche Begleiter der Vermittler.
- **Ergebnis:** Ein Tanz der Blockaden – bei vollem Bewusstsein.

Der Vermittler denkt: *Der will eh nicht.* Der Kunde denkt: *Der will eh nur verkaufen.* Warum eigentlich?

1. **Perspektivenkonflikt: 6 oder 9?**

   Die Wahrheit ist oft nicht absolut. Was objektiv eine »6« ist, ist subjektiv betrachtet für den anderen eine »9«. Beide haben recht – je nach Blickwinkel. In der Versicherungsberatung bedeutet das: Die Zahlen, Risiken und Bedarfe sind **objektiv**. Das Erleben, Vertrauen und Entscheidungsverhalten des Kunden sind **subjektiv**.

2. **Versicherungsberatung braucht zwei Wahrheiten**

   Objektive Analyse und *subjektives* Einfühlungsvermögen. Fachlich saubere Bedarfsanalyse, aber: Kommunikation auf Augenhöhe, angepasst an Ängste, Erfahrungen und Risikobereitschaft.

3. **Kulturelle Eigenheiten deutscher Kunden**

   - Hohes Sicherheitsbedürfnis → Wunsch nach 100-prozentigen Lösungen
   - Skepsis und Kritikfähigkeit → Hoher Informationsbedarf
   - Problemfokus → Suche nach Ausnahmen statt Lösungen
   - Misstrauen gegenüber Vertrieb → Negative Vorprägung durch Medien und Erfahrungen
   - Überforderung durch Informationsflut → Halbwissen ersetzt keine Beratung
   - Entscheidungsvermeidung → Lieber nichts tun als falsch entscheiden

4. **Emotionale Hürden beim Kunden (unausgesprochen)**

   - Angst vor Fehlentscheidungen, Abzocke, Kontrollverlust
   - Sorge, bewertet oder manipuliert zu werden
   - Zweifel an Betreuung im Schadenfall
   - Angst vor finanziellen Verlusten

5. **Innere Blockaden beim Vermittler (unausgesprochen)**
    - Zweifel an der eigenen Kompetenz
    - Angst vor Ablehnung oder Imageverlust
    - Sorge, als Verkäufer abgestempelt zu werden
    - Verlustangst (Kunde, Motivation, Selbstwert)

6. **Gemeinsamer Kernkonflikt: »Ich werde nicht gesehen.«**

    Beide Seiten wünschen sich:
    - Sie möchten gesehen werden.
    - Sie möchten ernst genommen werden.
    - Sie möchten nicht bewertet, sondern fairstanden werden.

7. **Warum Beratung oft scheitert – trotz bester Absichten**
    - Der Kunde weiß oft nicht, was er braucht.
    - Er verwechselt Verkauf mit Manipulation.
    - Er hört nicht zu, weil er emotional blockiert ist.
    - Der Vermittler möchte helfen, aber kämpft mit Druck und Misstrauen.
    - Beide reden aneinander vorbei, obwohl sie dasselbe Ziel haben: Sicherheit und Klarheit.

8. **Systemische Ursachen**
    - Falsche Ausbildung (verkaufen statt verbinden)
    - Fokus auf Abschluss statt auf Mensch
    - Fehlender Raum für echte Beziehung
    - Fehlende Vorbereitung auf emotionale Kundenbedürfnisse

9. **Was es braucht – für echte menschliche Beratung**
    - Perspektivwechsel statt Rechthaben
    - Fairständnis statt Verhör
    - Authentizität statt Skript
    - Haltung statt Hochglanz

10. **Vision für eine neue Beratungskultur**

    Was wäre, wenn ...

    - Fairmittler begleiten dürften, statt nur verkaufen zu müssen?
    - Kunden Verantwortung leben statt ihr Leben von ihren Ängsten beherrschen zu lassen
    - Beratung Verbindung statt Kontrolle erzeugt?

PSYCHOLOGISCHE KERNPRINZIPIEN DAHINTER

Was psychologisch wirklich wirkt

Erfolgreicher Vertrieb ist kein Trick. Sondern das Ergebnis echten Verstehens von Menschen, Motiven und Mustern.

Vier psychologische Prinzipien, die Du als Fairmittler kennen solltest:

1. **Reaktanztheorie** (Brehm, 1966): Druck erzeugt Gegendruck. Je mehr Du drängst, desto mehr blockt Dein Gegenüber ab. Menschen wollen frei entscheiden, nicht überredet werden.
2. **Selbstbestimmungstheorie** (Deci & Ryan, 2000): Was freiwillig gewählt wird, wirkt stärker. Kunden bleiben eher bei Dir, wenn sie das Gefühl haben: *»Ich habe mich selbst entschieden. Aus Überzeugung.«* Nicht aus Zwang.
3. **Verlustaversion** (Kahneman & Tversky, 1979): Verluste wiegen stärker als Gewinne erfreuen. Deshalb sichern sich Menschen lieber ab, anstatt auf etwas zu hoffen. In der Versicherungswelt ist das von zentraler Bedeutung. Sicherheit ist wichtiger als Spekulation.
4. **Vertrauensaufbau** (Watzlawick, 1967): Vertrauen entsteht, wenn Worte, Taten und Haltung zusammenpassen. Kongruenz schafft Nähe. Und Nähe ist die Grundlage für jedes echte »Ja«.

Beratung wird erst dann wirksam, menschlich und fair, wenn objektive Fakten auf echtes Verstehen treffen. Nicht mit der Brechstange, sondern mit Haltung. Und mit Herz.

DER GAMECHANGER: DIE HALTUNG ENTSCHEIDET – NICHT DAS PRODUKT

Die Lösung ist kein neues Wording, kein psychologischer Trick. Sondern ein inneres Fundament, das auf beiden Seiten gelegt werden muss:

Für den Kunden:

- Ich bin offen.
- Ich darf Fragen stellen.
- Ich darf mich entscheiden – auch für ein Ja.

Für den Fairmittler:

- Ich frage nicht, um abzuschließen, sondern um zu verstehen.
- Ich drücke nicht, ich begleite.
- Ich bin da – auch wenn nichts passiert.

Beide haben eine Hol- und Bringschuld. Fairstehen will gelernt – und gewollt – sein.

DIE 6- UND 9-METAPHER: KEIN GAG, SONDERN EIN WERKZEUG

Das kleine Beispiel im Magazin war für Tom und Lina mehr als ein Aha-Moment. Es war der erste Schritt zur Selbsterkenntnis. Lina dachte: *Ich bin Kundin. Ich habe mich oft verschlossen. Dabei habe ich jemanden gesucht. Jemanden, der mich sieht.*

Tom dachte: *Ich bin Vermittler. Ich habe zu oft beweisen wollen. Statt einfach zu begleiten.*

In diesem Moment wussten beide: Es geht nicht darum, wer recht hat. Sondern darum, wer bereit ist, zu fairstehen, was der andere sieht. Beide stellten sich dieselben Fragen:

Was wäre, wenn ...?

... *der Kunde nicht beweisen will, dass er klüger ist?*

... *der Vermittler nicht beweisen muss, dass er ehrlich ist?*

... *beide sich treffen – nicht im Produkt, sondern in der Haltung?*

Beide waren sich, obwohl sie sich noch nicht kannten und räumlich voneinander getrennt waren, einig: *Das kann nur gelingen, wenn wir endlich bereit sind, zuzuhören statt zu überzeugen, Fragen zu stellen statt vorzusortieren, Bedürfnisse zu übersetzen, statt Produkte zu predigen, Haltung zu zeigen statt mit Hochglanz zu blenden.*

Fairkauf nicht als Finale. Sondern als Anfang.

DER PERSPEKTIVWECHSEL, DER FAIRTRAUEN SCHAFFT

Tom dachte sich: *Wenn Du als Vermittler sagst: ‚Ich sehe, dass Du zögerst – und das ist okay. Was brauchst Du von mir, um eine gute Entscheidung zu treffen?' ... dann ist das keine Schwäche, sondern Deine größte Stärke.*

Fairtrauen entsteht nicht durch Worte, sondern durch **Zuhören mit Haltung**. Sowohl Lina als auch Tom kamen für sich zu einem gemeinsamen Ergebnis: Und vielleicht – nur vielleicht – reicht in der nächsten Beratung die Zahl auf dem Tisch nicht mehr aus, um Verwirrung zu stiften. Denn dann sehen beide das Gleiche: keine 6, keine 9, sondern: eine Lösung. Auf der nächsten Seite begannen Tom und Lina, das spannende Interview mit Astrid Sander zu lesen ...

WAS DU GIBST,
KOMMT ZURÜCK.
ASTRID SANDER
AGENTURLEITUNG ZURICH-AGENTUR W. SANDER & CO.
ENGELBERT-KAEMPFER-STR. 8, 33605 BIELEFELD
MEHR INFOS:

ASTRID SANDER
- ZURICH-AGENTUR W. SANDER & CO. BIELEFELD

Von Ostwestfalen in die Zukunft – mit Klarheit, Charakter und Herz.

WER WIR SIND

Wir führen unsere Agentur in dritter Generation mit dem Anspruch, nicht nur gut zu beraten, sondern vor allem wahrhaftig zu sein. Denn: Ein Wort ist ein Wort. So haben wir es gelernt. So leben wir es. Und genau das spüren unsere Kunden vom ersten Kontakt bis zur Betreuung im Leistungsfall.

Unsere Haltung lässt sich in einem Satz zusammenfassen: »Was Du gibst, kommt zurück.« Das ist unser inneres Betriebssystem. Kein Marketing-Claim. Sondern gelebte Überzeugung.

WIR BERATEN NICHT – WIR BEGLEITEN

Unsere Beratung ist kein Verkaufsgespräch. Sie ist ein echtes Gespräch über Fairantwortung, über Lebenssituationen, über Fragen, die oft verdrängt werden. Wir sagen auch mal *Nein*. Wir verkaufen nur, was wir für uns selbst und unsere Familie abschließen würden. Wenn etwas nicht passt, sagen wir das offen. Das ist keine Schwäche. Das ist unser größter Fairtrauensvorschuss.

SELBSTFÜHRUNG = KUNDENFÜHRUNG

Ich bin überzeugt: Nur wer sich selbst ehrlich führt, kann auch andere ehrlich begleiten. Ich möchte am Ende eines jeden Tages in den Spiegel schauen können – ohne Ausrede, ohne Verkaufsmaske. Deshalb führen wir unsere Agentur als Team auf Augenhöhe mit einem klaren Wertekorridor. Unser Ziel ist es, dass sich jeder Mitarbeiter einbringen, entfalten und wachsen kann.

Unser Ziel ist es nicht, möglichst groß zu werden. Unser Ziel ist es, substanziell zu wachsen. In Qualität. In Verantwortung. In Menschlichkeit.

PROVISION IST KEIN TRICK, SONDERN EIN DANKESCHÖN

Für uns ist Geld kein Selbstzweck. Es ist ein Werkzeug. Unsere Kunden zahlen nicht für ein Produkt. Sie zahlen für Zuverlässigkeit, Erreichbarkeit und echtes Engagement, wenn es wirklich zählt. Wir sehen Provision nicht als Prämie für das Verkaufen. Für uns ist sie die Bezahlung für Verantwortung. Für das Dasein. Für Orientierung. Für den Schutz, den unsere Arbeit ermöglicht.

Künstliche Intelligenz? Ja – aber nicht ohne Menschlichkeit

Wir begrüßen neue Technologien, aber wir verwechseln Digitalisierung nicht mit Beziehung. Ein Chatbot kennt Deinen Namen, aber kein Chatbot kennt Deinen Schmerz. Ein Algorithmus kann rechnen, aber er kann keine Hand halten, wenn das Leben Dir den Boden unter den Füßen wegreißt.

Wir glauben: **Produkte sind austauschbar – Menschen nicht.** Und deshalb bleibt unsere Agentur menschlich – mit Struktur, mit Klarheit, mit Charakter.

WAS UNS AUSMACHT – UNSER USP

- Wir beraten nicht für den Abschluss, sondern für den Ernstfall.
- Wir bauen Beziehungen, keine Verkaufsfunnels.
- Wir glauben an Respekt statt Rabatt.
- Wir führen mit Haltung, nicht mit Zielvorgaben.
- Wir leben Fairtrauen, nicht Taktik.

FAZIT: HALTUNG IST UNSER GESCHÄFTSMODELL

In einer Branche, die oft in Klischees gefangen ist, gehen wir einen anderen Weg. Nicht den einfacheren. Nicht den schnelleren. Aber den ehrlichen.

Ich stehe für einen Beruf, der wieder eine Berufung sein darf. Ich stehe für Berater, die ihre Kunden nicht mit Angst überzeugen, sondern mit Integrität begeistern. Ich stehe für die Zukunft eines Marktes, in dem Verkauf nicht mehr das Ziel ist, sondern das Ergebnis gelebter Haltung.

»Wir wollen nicht die Schnellsten sein. Aber die klarsten.«[9]

ASTRID SANDER

---

[9] Interview vom 02.06.2025 – Interviewer Christian Seeger

NACHKLANG ZUM INTERVIEW

Tom saß immer noch an seinem Küchentisch und stützte die Stirn in seine Hände. Lina lehnte sich auf ihrem Balkon zurück, das Heft aufgeschlagen auf dem Schoß. Die Sonnenstrahlen wärmten ihre Haut. Und trotzdem lief ihr ein Schauer über den Rücken. Sie kannten sich nicht. Noch nicht. Und doch hatten der Artikel und das Interview im ***Fairmittler***.-Magazin eine erste Verbindung geschaffen. Keine sechs. Keine neun. Sondern: eine neue Sichtweise. Eine neue Haltung. Beide dachten dasselbe: *Wir müssen uns nicht verändern. Aber wir dürfen uns weiterentwickeln.* Was sie daraus mitnahmen?

FÜR TOM – DER FAIRMITTLER, DER SICH NEU BEGEGNET

1. **Zuhören ist mächtiger als jedes Argument.**
   Tom erkannte: *Ich habe zu oft überzeugt, anstatt zu fairstehen.*

   Sein To-do: »Ich stelle beim nächsten Gespräch nicht sofort mein Konzept vor, sondern frage: Was bewegt Sie gerade wirklich?«

2. **Haltung ersetzt Hochglanz.**
   Er muss nicht glänzen. Sondern *greifbar* sein.

   Sein To-do: »Ich werde kein Gespräch mehr führen, bei dem ich mich nicht selbst wohlfühle, denn dann fühlt sich der Kunde auch nicht sicher.«

3. **Entscheidungen entstehen durch Bedeutung, nicht durch Druck.**
   Tom hatte gelernt: Die Abschlussquote steigt nicht durch Taktik, sondern durch *Transparenz*, *Relevanz* und *Fairtrauen*.

   Sein To-do: »Ich visualisiere künftig mit einfachen Bildern. Dabei geht es nicht darum, was verkauft wird, sondern was passiert.«

FÜR LINA – DIE KUNDIN, DIE IHRE STIMME FINDET

1. **Offenheit ist keine Schwäche, sondern ihr stärkster Schutz.**
   Lina erkannte: *Ich war nicht nur kritisch, ich war auch verschlossen.*

   Ihr To-do: »Ich werde bei der nächsten Beratung sagen, was ich wirklich denke, statt nur zu nicken.«

2. **Entscheidungen erfordern Mut und das Recht, Ja zu sagen.**
   Nicht jedes Nein schützt. Manchmal ist es einfach nur Angst.

   Ihr To-do: »Ich frage mich: Was brauche ich, um mich sicher zu fühlen? Und ich traue mich, diese Antwort einzufordern.«

3. **Versicherungen sind keine Produkte, sondern Fairsprechen.**
   Nicht der Vertrag ist entscheidend, vielmehr ist es der Mensch dahinter.

   Ihr To-do: »Ich suche künftig nicht den billigsten Anbieter, sondern den Menschen, dem ich im Ernstfall vertraue.«

DAS GEMEINSAME LEARNING: AUS ZWEI BLICKWINKELN ENTSTEHT EIN VERSTÄNDNIS

Lina und Tom haben es verstanden. Es geht nicht um Zahlen. Nicht um Abschlüsse. Es geht um dieses Gefühl. »Du siehst mich. Ich sehe Dich. Und wir finden gemeinsam eine Lösung, die passt.«

DREI GROẞE ERKENNTNISSE FÜR EINE BRANCHE IM UMBRUCH

1. **Verdrängen ist menschlich, aber nicht hilfreich.**
   Kundenseite: »Ich kümmere mich später darum.«

   Vermittlerseite: »Das Thema ist zu heikel.«

   Beide schieben. Niemand schützt.

2. **Haltung ist das neue Werkzeug.**
   Nicht der Wording-Baukasten. Und auch nicht die Provisionsstaffel.

   Nein, entscheidend ist: Echtheit. Tiefe. Fairantwortung.

3. **Verkaufen ist kein Ende. Es ist ein Anfang.**
   Der Abschluss ist nicht das Ziel. Er ist der erste Schritt in eine Beziehung, die Bestand hat.

   Eine Beziehung, die auf Augenhöhe beginnt.

Fazit: Aus der 6 und der 9 wird kein Streit mehr, sondern ein Gespräch, das zu einer gemeinsamen Lösung führt.

Tom und Lina wussten jetzt: *Wenn wir beide Seiten ernst nehmen – den Zweifel und das Fairtrauen – dann entsteht etwas Magisches. Kein Verkaufsabschluss. Sondern:* ***Ein Fairbindungsanfang*****.**

JETZT BIST DU DRAN

HALTE DEINE GEDANKEN FEST. SIE SIND WERTVOLL.

Mein wichtigstes Learning

Mein wichtigstes To-do

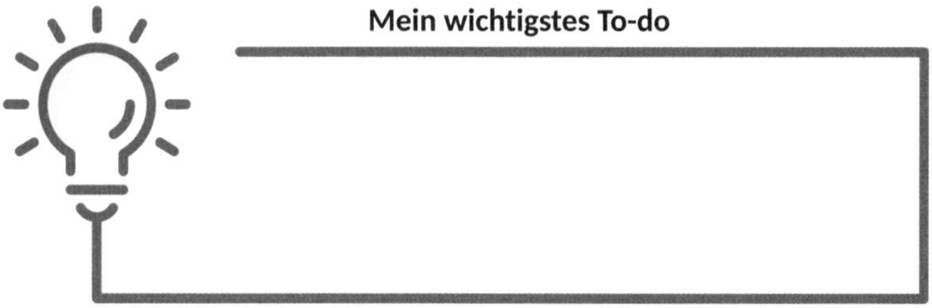

»VERBINDLICHKEIT IST DER MENSCHLICHE ANSPRUCH AN DIE VERLÄSSLICHKEIT.«

- ELFRIEDE HABLÉ -

KAPITEL 6
FAIRBINDUNG SCHAFFT FAIRBINDLICHKEIT

Es war ein Samstagmorgen wie aus einem Werbespot für das echte Leben: Die Sonne schien sanft durch die Gardinen, es waren angenehme zwanzig Grad, kein Wecker, kein Gejammer, kein Kindergeschrei. Nur Stille. Und Kaffee. Und Tom war allein zu Hause. Elena war mit Ida und Emil bei ihren Eltern. Ein Wochenende voller Angelgeschichten und Schokokuchen mit Opa und Oma. Und Tom? Der sollte den Garten machen. Endlich. Denn seine Frau Elena hatte es ihm liebevoll, aber deutlich gesagt: »Du beschwerst Dich ständig über Deine unverbindlichen Kunden, aber Deinen eigenen Garten pflegst Du wie ein stillgelegtes Industriegebiet. Fang doch da mal mit Verbindlichkeit an!«

Autsch. Treffer. Versenkt. Aber dieser Samstag sollte mehr verändern als nur das Aussehen des Gartens. Es wurde ein Tag der inneren Umgrabung. Ein Tag der *Fairwandlung*.

VON MOOS ZU MENSCHLICHKEIT – TOMS ERKENNTNISREISE

Mit Schere, Harke und einer Mischung aus Trotz und Motivation trat Tom dem Urwald hinter dem Haus entgegen. Er schnitt, zupfte, schwitzte und dachte. Er dachte viel. Und irgendwann, zwischen zwei wild wuchernden Kirschlorbeerbüschen und Unkraut, das sich durch jede Fuge drängte, hatte er seine zündende Idee: *Bei meinen Kunden bin ich genauso wie bei meinem Garten: Ich pflege erst, wenn es wuchert. Ich investiere nur, wenn es sichtbar wird. Ich will Ergebnisse, aber dabei vergesse ich das Erleben.*

Tom wurde klar: Kundenbindung entsteht nicht durch Nachfassen. Nicht durch Erinnerungsmails. Sie entsteht durch echte Fairbindung. Denn: Wer nur auf den Abschluss schaut statt auf die Beziehung, bekommt Unverbindlichkeit statt Vertrauen. Wer nur fordert, anstatt selbst etwas zu geben, erntet Ausflüchte statt Entscheidungen. Wer nur dann redet, wenn es ums Verkaufen geht, ist bei den Menschen nie wirklich angekommen.

ZWISCHEN BOLOGNESE UND BEWUSSTSEIN – REZIPROZITÄT IN DER PRAXIS

Nach sieben Stunden harter Arbeit wartete als Belohnung sein Leibgericht: Spaghetti Bolognese. Die Nudeln kochten schon fast. Während das Wasser warm wurde, fiel sein Blick auf die neue Ausgabe des ***Fairmittler***.-Magazins. Ein Artikel stach ihm ins Auge: **»Reziprozität – das unsichtbare Band zwischen Vermittler und Kunde.«**

Was er las, veränderte sein Denken: »Geben kommt vor Nehmen. Vertrauen kommt vor Abschluss. Menschlichkeit kommt vor Zahlen.« Reziprozität ist kein Verkaufstrick. Es ist keine Taktik und auch keine Technik. Es ist eine Haltung. Ein Lebensprinzip. Ein leiser, aber wirkungsvoller Herzschlag jeder echten Beratung.

HALTUNG VOR HANDLUNG

Und plötzlich fiel es Tom wie Schuppen von den Augen: Er hatte zu oft gefragt: »Warum sagt der Kunde nicht zu?«, statt sich zu fragen: *Was habe ich bisher gegeben, damit sich der Kunde sicher fühlt?*

Tom erinnerte sich an seinen letzten Griechenlandurlaub. Beim Bogenschießen sagte der Lehrer damals: »Nicht das Ziel ist das Ziel. Das Ziel ist das Ergebnis Deiner Haltung.« Tom hielt inne. Genau das war es. **Haltung**. Denn Haltung bestimmt, ob wir ziehen oder einladen. Ob wir drängen oder Raum geben. Ob wir manipulieren oder ermöglichen. **Die Ursache für Unverbindlichkeit? Wir müssen sie neu verstehen.**

Tom las weiter. Der nächste Artikel erklärte, warum Menschen insbesondere bei Versicherungen immer unverbindlicher werden:

WARUM MENSCHEN VERSICHERUNGEN AUFSCHIEBEN – DIE PSYCHOLOGIE DAHINTER

Das Problem mit der Zukunft: Warum schieben Menschen das Thema Versicherungen so oft vor sich her? Weil sie uns an Dinge erinnern, die wir lieber verdrängen: Krankheit, Tod und Unsicherheit. Weil sie sich mit einer Zukunft beschäftigen, die noch nicht spürbar ist. Weil sie Fragen aufwerfen, auf die wir im Alltag keine Antworten haben wollen.

Versicherungen betreffen nicht das Jetzt. Sie betreffen das Vielleicht.

Und genau deshalb bleiben sie oft liegen. Diese Risiken wirken fern. Abstrakt. Sie sind nicht greifbar, obwohl sie im Ernstfall alles verändern können. Weil das Gehirn am liebsten das bewertet, was direkt vor uns liegt, entscheiden wir uns oft gar nicht. Oder wir entscheiden uns gegen etwas, das sich noch nicht dringend anfühlt. Das ist menschlich. Je weiter weg uns ein Risiko erscheint, desto weniger spüren wir es – bis es uns mit voller Wucht einholt. Viele Menschen denken kurzfristig: *Was kostet mich das heute?* statt: *Was sichert mich für Jahrzehnte ab?*

Dabei ist Absicherung kein Geschäft mit der Zukunft. Es ist ein Zeichen von Verantwortung im Hier und Jetzt.

WENN KOMPLEXITÄT BLOCKIERT

Versicherungen sind voller Fachbegriffe, Klauseln und Bedingungen. Für viele klingt das nach einem Paragrafendschungel, durch den man sich nicht alleine durchfindet. Was genau drinsteht, bleibt oft unklar. Und was wirklich wichtig ist, erst recht. Der Nutzen? Unscharf. Der Unterschied zur nächsten Police? Nicht erkennbar. Das Einzige, was sofort ins Auge fällt, ist der Preis. Eine Zahl auf dem Papier – greifbar, verständlich, scheinbar objektiv.

Und genau deshalb vergleichen Menschen oft nach Zahlen, nicht nach Sinn. Nicht, weil sie geizig sind. Sondern weil ihnen das fehlt, was eigentlich unsere Aufgabe ist: die Übersetzung. Wenn etwas zu kompliziert wird, greift das Gehirn zu einfachen Lösungen. Dann gewinnt das, was am wenigsten Kraft kostet, statt das, was am meisten schützt.

Es kommt nicht nur darauf an, was im Vertrag steht. Was zählt, ist, ob der Mensch versteht, was er da unterschreibt.

WENN DAS AHA-ERLEBNIS FEHLT

Die meisten Menschen haben noch keinen Schadenfall erlebt. Deshalb fehlt ihnen das Gefühl dafür, was eine Versicherung wirklich bedeutet. Was sie schützt. Was sie bewahrt. Was sie im Ernstfall verhindert. Ohne Erfahrung bleibt der Nutzen abstrakt. Und was abstrakt ist, wirkt oft unwichtig. Was fehlt, ist das Aha-Erlebnis. Der Moment, in dem spürbar wird: Gut, dass ich vorgesorgt habe. Und wenn dieses Gefühl fehlt, entscheiden Menschen nicht über Inhalte, sondern über das, was leicht greifbar ist: den Preis. Das Logo. Eine Empfehlung. Oder die Sympathie des Beraters.

Doch echte Sicherheit entsteht nicht durch Eindruck, sondern durch Einsicht.

DIE QUAL DER WAHL

Je mehr Möglichkeiten wir haben, desto schwerer fällt die Entscheidung. Denn wählen heißt auch: sich gegen etwas anderes entscheiden. Und das kostet Energie. Gleichzeitig leben wir in einer Zeit ständiger Ablenkung. *WhatsApp*. Social Media. E-Mails. Pushnachrichten. Alles schreit: Jetzt! Sofort! Wichtig! Da sortiert das Gehirn nach Gefühl. Und viele Menschen schieben Versicherungen automatisch in die Kategorie »später«. Oder noch schlimmer: »unwichtig«. Nicht, weil sie diese nicht brauchen. Sondern weil keine akute Emotion dahintersteht. Kein Druck. Kein Jetzt-

Gefühl. Das Ergebnis: Zu viele Optionen. Kein innerer Drang. Und am Ende: Passivität.

WENN VERBINDLICHKEIT VERLOREN GEHT ...

Früher war es unhöflich, sich einfach nicht mehr zu melden. Heute gilt genau das als normal. Keine Antwort ist auch eine Antwort – nur eben ohne Gespräch. Was früher ein Rückruf war, ist heute Schweigen. Was früher ein »Ich melde mich nochmal« bedeutete, heißt heute: »Wahrscheinlich nicht.«

Das spart kurzfristig Energie. Es fühlt sich bequem an. Kein Nein, kein Ja – einfach nichts. Doch auf lange Sicht kostet es Vertrauen. Und es verhindert echte Verbindungen. Denn Verbindlichkeit braucht Haltung. Den Mut, ehrlich zu sagen, was ist. Auch wenn noch keine Entscheidung getroffen wurde. Auch wenn es ein Nein ist.

Viele Menschen entscheiden lieber gar nichts, aus Angst, das Falsche zu entscheiden. Doch wer gar nicht entscheidet, entscheidet trotzdem. Nämlich für Stillstand. Für Distanz. Für Unverbindlichkeit. Und genau das spüren Kunden. Und Vermittler auch. Wenn Wischen leichter ist als Entscheiden. Gerade bei den jüngeren Generationen kommen zwei Dinge hinzu:

1. Digitaler Reflex: Wischen statt Entscheiden. Vergleichsportale, *Tinder*, *Netflix* – wir sind Swipe-Profis. Aber durchs Weiterscrollen entsteht keine echte Beziehung.
2. Fehlende Konsequenzkultur: Widerruf. Abo-Pause. Rückgabe. In der digitalen Welt ist alles rückgängig zu machen – außer der Moment, der im Ernstfall zählt.

FAIRBINDLICHKEIT – NEU DEFINIERT

Tom strich sich den letzten Artikel rot an:

»Verbindlichkeit – geschrieben mit F-A-I-R«.

F = Fühlen lassen:
Kunden erinnern sich nicht an Paragrafen.
Sondern an das Gefühl, gesehen zu werden.

A = Aufmerksamkeit schenken:
Nicht »Was brauchst Du?« – Sondern »Was bewegt Dich?«

I = In Beziehung gehen:
Vertrauen ist keine Funktion der Vertragslaufzeit,
sondern der Begegnung.

R = Richtung geben:
Kunden sind oft entscheidungsmüde, nicht entscheidungsunfähig. Führung ist kein Druck, sondern ein Dienst.

DIE GROSSE FRAGE: WARUM KAMEN EINIGE KUNDEN NICHT?

Tom wusste nun, dass es nicht daran lag, dass der Kunde böswillig war. Sondern dass er verunsichert war. Weil er keinen emotionalen Bezug hatte. Weil er nicht wusste, worauf es ankam. Und weil er vielleicht nie gespürt hatte, dass er wichtig ist. Nicht als Abschluss. Sondern als Mensch.

Toms Fazit – ehrlich und klar: »Bevor ich von meinem Kunden **FAIRbindlichkeit** erwarte, muss ich selbst **fairbindlich** sein.«

Denn: Wer Vertrauen will, muss Vertrauen geben. Wer Wert erfahren will, muss Wert geben. Und wer verkauft, um zu helfen, verkauft automatisch richtig.

Tom schrieb sich wichtige Tipps und Ideen auf:

Was kann ich konkret tun, um damit professionell und empathisch umzugehen?

1. ***Freundlich erinnern – ohne Druck***
   - *Nutze wertschätzende Erinnerung mit »sanfter Verbindlichkeit«: »Ich wollte nur sicherstellen, dass meine Nachricht bei Dir angekommen ist – kein Stress, ich bin da, wenn Du so weit bist.«*
   - *Formuliere nicht als Kontrolle (»Wolltest Du Dich nicht melden?«), sondern als Service.*
2. ***Erkläre den Wert, nicht nur das Produkt***
   - *Viele Menschen vergessen bei Nichterscheinen abzusagen, weil sie den Wert Deines Gesprächs nicht verstehen.*
   - *Sprich daher vor dem Termin kurz den Nutzen an: »Ich möchte Dir einfach zeigen, wo Du im Fall der Fälle besser aufgestellt sein könntest – Du entscheidest danach völlig frei.«*
3. ***Baue eine emotionale Beziehung statt einer sachlichen Erwartung auf***
   - *Menschen melden sich bei Menschen, nicht bei Kalenderterminen.*
   - *Baue eine zwischenmenschliche Verbindung auf (z. B. durch gemeinsame Interessen oder ehrliches Interesse an der Lebenssituation), dann wird Dein Termin auch emotional relevanter.*
4. ***Setze gesunde Grenzen (Selbstwert vs. Bittstellerrolle)***
   - *Du bist Berater, kein Bittsteller. Wenn sich jemand mehrfach nicht meldet: »Ich merke, das Thema hat für Dich gerade keine Priorität – das ist okay. Ich stehe Dir zur Verfügung, wenn sich das ändert.«*
   - *Das gibt Klarheit, wahrt Deine Energie und stärkt Deinen Selbstwert.*

5. ***Verwende kleine Verbindlichkeitsmarker***

- *Statt »Ich schicke Dir mal etwas«, sage: »Ich sende Dir die Unterlagen, wenn Du mir kurz bestätigst, dass Du sie erhalten hast.«*
- *Oder: »Wollen wir den Termin gleich fest eintragen oder lieber flexibel lassen?« So gibt man Wahlfreiheit, aber auch Struktur.*

Tom saß nachdenklich auf seiner Terrasse. Die Spaghetti Bolognese war verspeist, der Garten gepflegt, und doch hatte dieser Samstag viel mehr aufgeräumt als nur das Unkraut vor der Tür. Er hatte Klarheit geschaffen. In seinem Inneren.

Tom fairstand nun: Beziehungspflege beginnt nicht erst im Beratungsgespräch. Sie beginnt weit davor: mit aufrichtiger Aufmerksamkeit, ehrlichem Interesse, kleinen Gesten. Mit Haltung.

Sein Blick wanderte erneut auf das ***Fairmittler***.-Magazin auf dem Gartentisch. Die nächste Lektüre wartete bereits auf ihn. Das Titelinterview: »*Allianz-Agentur Döpke & Gattum-Schwarz* – die erfolgreichste Sach-Agentur der *Allianz* deutschlandweit.«

KARIN GATTUM-SCHWARZ & DOMENIQUE DÖPKE - ALLIANZ-GENERALVERTRETUNG MONSHEIM

Vom Produkt zur Lebenslösung – mit Herz, Haltung und Hightech.

WER WIR SIND

Wir haben das alte Bild der Versicherung umgedreht. Wir sind keine Verkäufer. Wir sind Möglichmacher, Kümmerer, Community-Begleiter. Wir bieten **echte Lebenslösungen für Mensch und Tier (von Hund bis Pferd) statt Produktlogik**, weil wir überzeugt sind: »Wenn Dir jemand sein Tier anvertraut, vertraut er Dir auch seine Familie an.«

Das Pferdehof-Konzept unserer Agentur steht symbolisch für Nähe, Vertrauen und Erdung – und bildet die emotionale Basis für das gesamte Beratungskonzept – für Mensch und Tier. Von speziellen Lösungen für Tiere haben wir uns in den letzten Jahren, mit unserem Team aus über 30 Mitarbeitern, als Versicherungsexperten in allen Bereichen des täglichen Lebens etabliert. Wir finden für jeden Bedarf unserer Kunden eine adäquate und zufriedenstellende Lösung.

UNSERE STRATEGIE: DIGITALER HERZSCHLAG TRIFFT SOZIALE INTELLIGENZ

- Social Media Mastery: Erfolgreichste *Facebook*-Gruppenstrategie im Versicherungsvertrieb (2,5 Mio. Mitglieder im Netzwerk)
- > 500 Fünf-Sterne-Bewertungen, NPS 5,0
- Service mit Haltung: 25.000 Nachrichten pro Monat, 9 Min. Antwortzeit via *Superchat*
- KlickTipp, *WhatsApp*, E-Signatur: Digitale Tools als Türöffner zur echten Nähe
- »Kaufen lassen« statt »Pushen«: Kunden entscheiden selbst – der Mehrwert überzeugt

»Wir telefonieren niemandem zehnmal hinterher. Wir bieten an – der Kunde kauft, wenn's passt.«

UNSERE BERATUNGSKULTUR: AUTHENTISCH. EHRLICH. AUF AUGENHÖHE.

Was Beratung für uns bedeutet:

- Zuhören statt Überreden.
- Gemeinsam Lösungen erarbeiten – nicht »drüberstülpen«.
- Qualität vor Quantität.
- Und vor allem: **Transparenz und Ehrlichkeit** – auch wenn es mal bedeutet, dem Kunden zu sagen: »Wir sind nicht der richtige Anbieter.«

Wir brennen für unsere Produkte, aber nur, wenn wir 100 % dahinterstehen.

BEZIEHUNG STATT VERKAUF

Wir denken in Beziehungen, nicht in Policen:

- Langfristige Kundenbindung beginnt lange VOR dem Vertrag
- Kundengewinnung über echte Empfehlungen, nicht über Rabatte
- Betreuung auf Fünf-Sterne-Niveau – und das dauerhaft

Das Geheimnis? Vertrauen entsteht dort, wo man den Menschen sieht, nicht die Kundennummer.

TEAM- UND MITARBEITERFÜHRUNG: GEMEINSCHAFT STATT HIERARCHIE

Karin: »Hört auf, Eure Mitarbeiter auszubeuten. Fangt an, sie zu entwickeln.«

Die Agentur ist eine berufliche Großfamilie – mit gemeinsamer Vision, gemeinsamen Reisen und echter Augenhöhe. Fördern und fordern, Fehler zulassen, Improvisation statt Perfektion – das ist ihr Führungsstil.

HERAUSFORDERUNG UND ERFOLG

- Größte Hürde: Gegenwind aus der Branche, Kritik an unkonventionellen Methoden.
- Größter Erfolg: Aufbau der erfolgreichsten *Allianz-Agentur* im Sachbereich innerhalb von 24 Monaten.
- Wichtigstes Learning: »Es braucht kein fertiges Konzept – es braucht Mut. Und Herz. Und Urvertrauen.«

BILDUNG UND WANDEL

- Weiterbildung ist keine Option, sondern Pflicht.
- Digitalisierung wird nicht als Gefahr, sondern als Werkzeug verstanden.
- Kunden sind überfordert, sie brauchen Klarheit, Führung und ehrliche Orientierung.
- Kundenbeziehung basiert auf Bauchgefühl, nicht auf Skript.

BLICK NACH VORN – DIE BRANCHE 2030

- Mehr Technik, ja – aber auch mehr Menschlichkeit
- Kunden werden beratungsresistenter, wenn wir nicht beziehungsorientierter werden
- Produkte müssen flexibler, Prozesse transparenter und Kommunikation schneller werden

Die größte Aufgabe der Branche: »Raus aus der Abschlussgier. Rein in die Lebensrealität der Menschen.«

Empfehlung an junge Vermittler: Sei mutig. Sei Du selbst. Fang an. Hör auf, zu verkaufen. Fang an, zu helfen.

Unser Nummer 1 Verkaufsgeheimnis: »Ehrliches Interesse am Menschen. Kein Skript. Kein Push. Nur Herz.«

USP der *Agentur Döpke & Gattum-Schwarz* – auf den Punkt gebracht:

- Hightech und Highheart: digital stark, menschlich stark
- Kümmerer statt Verkäufer
- Eine Marke mit Seele – und Struktur
- Service in Echtzeit – mit echter Nähe
- Beratung vor Abschluss – Beziehung vor Provision

»Unsere Kunden kaufen nicht, weil wir verkaufen. Unsere Kunden kaufen, weil wir begleiten. Am Ende entscheidet nicht das beste Argument, sondern das beste Gefühl beim Menschen.«[10]

KARIN GATTUM-SCHWARZ & DOMENIQUE DÖPKE

[10] Interview vom 02.04.2025 – Interviewer Christian Seeger

LEINEN LOS: WAS LINA IN DER HUNDESCHULE ÜBER BERATUNG LERNTE

Auch Lina war nach dem Interview mit der *Allianz-Agentur Döpke & Gattum-Schwarz* tief bewegt. Zwischen den Zeilen fand sie etwas, das weit über Versicherungen hinausging: Haltung. Vertrauen. Verbindung. Und das Gefühl, wirklich gesehen zu werden – als Mensch, nicht als Nummer. Sie wollte immer tiefer und tiefer in die Versicherungswelt aus Sicht des Kunden eintauchen und verstehen, was die Hintergründe zu den Herausforderungen sind und wie man ihnen begegnen kann, um sie zu lösen.

An diesem Samstag war es wieder so weit: Hundeschule. Nicht, weil Milo es nötig hatte – im Gegenteil, der Labrador-Mischling war eher Zen-Meister als Zerren-Meister –, sondern weil Lina dort regelmäßig einsprang, wenn Personalnot herrschte. Für Milo ein Ausflug ins Paradies. Für Lina an diesem Tag: eine Schule des Lebens.

DIE LEINE ALS SPIEGEL DER BEZIEHUNG

Als sie auf dem Platz stand, fiel ihr sofort ein Bild ins Auge, das sie nicht mehr losließ: Eine junge Frau mit einem Australian Shepherd kämpfte regelrecht mit der Leine. Der Hund bockte. Zog. Starrte sie an. Und sie? Hielt fest. Immer fester. Die Körpersprache? Unsicher. Die Stimme? Nervös. Der Hund reagierte mit Gegendruck. In Linas Kopf klickte es. Plötzlich war es kein Hundetraining mehr. Es war ein Spiegel. Ein Spiegel für Beratung. Für Verkauf. Für Beziehung.

Das ist wie in der Versicherungswelt ..., dachte sie. *Die Leine ist wie das unsichtbare Band zwischen Berater und Kunde.*

Und sie sah plötzlich klar, was ihr vorher nie in dieser Tiefe bewusst gewesen war:

- Wenn der Berater zu viel Druck aufbaut, entsteht Gegendruck.
- Wenn der Berater unsicher ist, wird auch der Kunde unsicher.
- Wenn Führung fehlt, verliert der Kunde die Orientierung.
- Und wenn Vertrauen fehlt, dann funktioniert keine noch so gute Beratung.

ZWISCHEN FAIRBINDUNG UND FÜHRUNG

Lina stand da, sprachlos und fasziniert. Es war, als würde sich die Leine zwischen Frau und Hund auflösen, nicht physisch, sondern emotional. Denn in Wahrheit verband sie kein Seil, sondern ein unausgesprochenes Verhältnis aus Unsicherheit, Erwartung und Missverständnissen. Und das war genau wie in vielen Kundengesprächen.

Wenn Berater mit Abschlussdruck führen, reagieren Kunden mit Unfairbindlichkeit.

Der Kunde zieht sich zurück. Er verpasst Termine. Er vertröstet. Der Berater denkt: *Der will nicht.* Aber vielleicht kann der Kunde nur noch nicht. Vielleicht spürt er die Führung nicht. Weil ihm niemand den Weg zeigt, ohne ihn zu ziehen.

LEINENLOS = FÜHRUNG MIT HALTUNG

Die Hundetrainerin schritt ein. Ruhig, klar und mit liebevoller Autorität. Sie nahm die Leine kurz, um Nähe aufzubauen – nicht durch Zwang, sondern durch ihre Präsenz. Sie schaute den Hund an. Und dann die Frau. »Nicht ziehen. Führen.« Lina musste lächeln. Das war keine Hundeschule. Das war Verkaufsschulung auf vier Pfoten. Denn genau darum geht es auch im Gespräch mit Kunden:

- Nicht manipulieren. Sondern ermöglichen.
- Nicht überzeugen. Sondern Orientierung geben.
- Nicht »ziehen«. Sondern vertrauensvoll führen.

VERTRAUEN AUF AUGENHÖHE – OHNE LEINE

Führen ohne Leine, dachte Lina. *Das funktioniert nur, wenn beide Seiten vertrauen.*

Wenn beide bereit sind, sich aufeinander zu verlassen: Der Kunde vertraut auf die Kompetenz des Beraters. Der Berater vertraut auf die Entscheidungsfähigkeit des Kunden. Nur dann entsteht **Fairbindung** – und daraus wächst echte **Fairbindlichkeit**. Aber Lina fragte sich auch: Wie findet man den richtigen Berater für sich? Worauf muss man achten? Hierzu fand sie später in Internetforen und Videos mehrere Antworten.

7 FRAGEN, DIE KUNDEN WIRKLICH WEITERHELFEN

1. *Redet er – oder hört er zu?*

   Ein guter Berater hört Dir zu und interessiert sich wirklich für Dich – und nicht nur für Deinen Abschluss. Beobachte folgende Punkte:

   - Stellt er Dir viele offene Fragen?
   - Fragt er nach Deinen Zielen, Ängsten und Deiner Lebenssituation?
   - Spiegelt er, was Du sagst, oder wartet er nur auf seinen Einsatz?

2. *Will er Dir etwas verkaufen – oder Dir etwas ermöglichen?*

   Achte auf die Sprache:

   - Kommt sofort ein Angebot?
   - Oder wird erst gemeinsam Dein Bedarf geklärt?
   - Fühlst Du Dich gedrängt oder eingeladen?

3. *Macht er Komplexes verständlich? Oder versteckt er sich hinter Fachchinesisch?*

   Ein echter Profi kann jedes Thema so einfach und bildhaft erklären, dass Du es anschließend Deinen Freunden erzählen könntest. Achte auf:

   - Nutzt er Beispiele aus Deinem Alltag?
   - Gibt er Dir verständliche Entscheidungshilfen?

4. *Gibt es Transparenz oder ein Gefühl von »Verkaufstrick«?*

   Gute Berater zeigen Dir nicht nur ein Produkt, sondern auch Alternativen inklusive Vor- und Nachteilen. Achte auf:

   - Spricht er offen über Kosten, Leistungen, Bedingungen?
   - Zeigt er Dir verschiedene Wege mit Vor- und Nachteilen?

5. *Spürst Du einen Menschen – oder nur einen Profi?*

   Vertrauen ist emotional. Dein Bauchgefühl zählt.

   - Fühlst Du Dich gesehen – oder abgearbeitet?
   - Bist Du Mensch oder nur eine Vertragsnummer?

6. *Wie geht der Berater mit Deiner Zeit, Deinen Zielen und Deinen Wünschen um?*

   - Wird Dein Termin respektiert oder verschoben?
   - Kommt er vorbereitet zum Termin?
   - Nimmt er sich auch im Schadenfall Zeit für Deine Anliegen?
   - Werden Deine Ziele und Wünsche berücksichtigt?

7. *Gibt es Referenzen, Bewertungen, Empfehlungen?*

   Verlasse Dich auf echte Stimmen:

   - *Google*-Rezensionen
   - Bewertungsportale wie z. B. *ProvenExpert*
   - Empfehlungen aus Deinem Freundes- oder Kollegenkreis

Zusammengefasst: Ein fairtrauenswürdiger Berater ...

- stellt Dich in den Mittelpunkt,
- erklärt verständlich,
- macht keinen Druck,
- zeigt Alternativen und
- ist ehrlich, auch wenn es unbequem ist.

ÜBER DEN TELLERRAND HINAUSBLICKEN

Am Abend, kurz bevor Lina ins Bett ging, ließ sie den Tag noch einmal Revue passieren. Mit fester Überzeugung stellte sie fest: Es brauchte keine Leine, wenn man aufrichtig führte. Keine Kontrolle, wenn Klarheit und Haltung da waren. Keine Angst, wenn Vertrauen den Raum füllte. Linas Gedanke war wie ein Samen, der aufgehen konnte. Während des Zähneputzens kam ihr noch ein Gedanke, der ihr Herz schneller schlagen ließ.

Was, wenn ich in Zukunft Kunden aus Kundensicht begleite? Als Brückenbauerin. Als Möglichmacherin. Als Übersetzerin von Versicherung in Lebenssicherheit.

Und sie fragte sich: *Was, wenn ich jemanden finde, der mir noch tiefere Einblicke gibt? Jemand, der mich ausbildet, inspiriert und mir hilft, die Brücke zwischen Beratung und echter Fairantwortung zu schlagen? So wäre fairSICHERT doch theoretisch möglich, nicht wahr?*

JETZT BIST DU DRAN

HALTE DEINE GEDANKEN FEST. SIE SIND WERTVOLL.

Mein wichtigstes Learning

Mein wichtigstes To-do

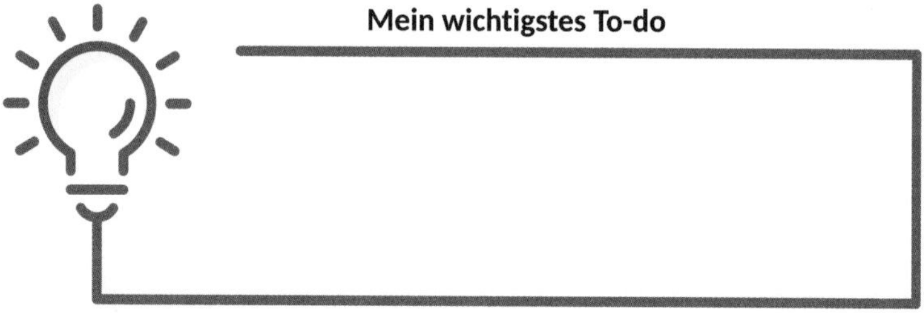

KAPITEL 7
SELBSTFAIRANTWORTUNG

WARUM EINE FRAGE ALLES FAIRÄNDERT

Tom hatte ein Problem, von dem er lange dachte, es sei keines. Es war dieses warme, trügerische Gefühl, das sich immer dann bei ihm einschlich, wenn ein Monat gut lief. Die Zahlen passten, das Konto lächelte – und Tom tat es auch. Er legte sich zurück in seine mentale Hängematte, nippte gedanklich an einem Erfolgscocktail und murmelte zufrieden: »Das hast Du gut gemacht. Gönn Dir eine Pause.«

Doch wie wir alle wissen, kippt Ruhe schnell in Trägheit um. Und Erfolg wird bequem, wenn er nicht gepflegt wird. Tom merkte es erst, als der Schwung verpuffte, die Anfragen weniger wurden und der Druck zurückkam. Nicht von außen. Aber von innen.

DER POST, DER ALLES VERÄNDERTE

An einem Montagmorgen, zwischen Müsli und Meetings, scrollte Tom gedankenverloren durch sein Handy. Er war nicht auf der Suche, aber manchmal findet einen genau das, wovor man wegläuft. Ein Post vom Verkaufscoach Christian Seeger sprang ihm ins Auge: »**Viele Vermittler scheitern nicht an Möglichkeiten, sondern an ihren Gewohnheiten.**«

Und weiter: »Wenn Du nach einem erfolgreichen Monat in den Chill-Modus schaltest, ist das, als würde ein Fußballverein nach dem Sieg in der Hinrunde einfach vier Spiele lang nicht antreten und die Punkte herschenken.«

Boom. Der Satz traf ihn wie ein Faustschlag in die Magengrube: unangenehm und ehrlich. Er fühlte eine Mischung aus Scham, Trotz und Dankbarkeit. Tom fühlte sich ertappt und lebendig.

DIE FRAGE, DIE NICHT GESTELLT WURDE

An diesem Tag änderte sich etwas. Nicht laut. Nicht dramatisch. Aber tiefgreifend.

Was, wenn meine Bequemlichkeit meine Kunden gefährdet?, fragte sich Tom. *Was, wenn nicht meine Worte zu viel sind, sondern meine Fragen zu wenig?* Denn er erkannte: In der Versicherungsberatung entscheidet oft eine einzige Frage über Sicherheit oder Unsicherheit. Über Zukunft oder Katastrophe. Nicht zu fragen – aus Bequemlichkeit, Unsicherheit oder Zeitdruck – kann den Unterschied machen zwischen Schutz und Scheitern. Doch bevor wir unsere Kunden erreichen, müssen wir uns selbst überwinden. Zu oft schieben wir die Schuld weg:

»Der Preis ist schuld.«

»Der Tarif ist schuld.«

»Der Kunde will nicht.«

»Die Zeiten sind schlecht.«

Die Wahrheit? Es ist oft nur die eigene Bequemlichkeit. Die eigene Ausrede. Die Angst vor dem kleinen Sprung.

Selbstüberwindung heißt: einen Schritt mehr gehen. Eine Frage mehr stellen. Eine Nähe mehr schaffen. Nicht nur, um zu verkaufen, sondern um zu verstehen. Denn: Jede Überwindung formt Deine Haltung. Jede Überwindung stärkt Dein Selbstbewusstsein. Jede Überwindung schafft Vertrauen – bei Dir selbst und bei Deinen Kunden.

Die stärksten Fairmittler haben verstanden: **Erfolg ist keine ganze Treppe. Erfolg ist die nächste Stufe.** Und jede Stufe heißt:

Überwinde Dich. Stell die Frage. Hör zu. Bleib dran. Du musst nicht perfekt sein. Du musst nur bereit sein. Bereit, aus Deiner Komfortzone zu springen – für den Menschen vor Dir. Für seine Sicherheit. Für Deine Wirkung. Für Deine eigene Haltung. Denn Selbstüberwindung ist Dein fairer Dienst am Kunden – und an Dir selbst. Fragen schützen. Nichtfragen kostet. Tom begann, seine Gespräche neu zu denken.

»Wie wichtig ist Ihnen Ihr Einkommen?«

»Wovon leben Sie, wenn morgen alles anders kommt?«

»Ist Ihr Haus auch gegen Naturgewalten abgesichert?«

Diese Fragen klangen einfach. Aber sie wirkten wie ein Spiegel. Denn Fragen führen zu Erkenntnis. Und Erkenntnis führt – im besten Fall – zu Verantwortung. Das gilt jedoch nicht nur für Berater. Auch Kunden müssen fragen und das Gesagte verstehen dürfen:

»Was bedeutet dieser Schutz für mich ganz konkret?«

»Was passiert im Ernstfall wirklich?«

»Kann ich das langfristig tragen – auch emotional?«

FAIRANTWORTUNG BEGINNT IM DIALOG

Tom schrieb in sein Notizbuch: *Fragen kostet nichts. Nichtfragen kann alles kosten.*

Diese Haltung wurde zu seinem neuen inneren Kompass. Nicht Druck. Nicht Quote. Nicht Trick. Sondern: FAIR – Fürsorge, Aufrichtigkeit, Interesse, Respekt.

Vom Spielfeld ins Leben
Am Abend saß Tom mit Freunden vor dem Fernseher. *DFB-Pokal*. Viertelfinale. Sein Herzensverein war krasser Außenseiter gegen den Serienmeister. Und dann sah er etwas, das er nicht erwartet

hatte: Seine Mannschaft war wild entschlossen. Sie liefen, kämpften, gaben nicht auf. Sie glaubten – nicht an den Sieg, sondern an den Einsatz. An ihre Aufgabe. An ihre Verantwortung.

Verlängerung. Letzte Minute. Tor. Emotionen brachen aus ihm heraus – nicht nur, weil sein Team gewann. Sondern weil er endlich fairstand, was sein wahres Spielfeld war.

DER KUNDE ENTSCHEIDET DEN WERT – NICHT DER BERATER

In den folgenden Wochen veränderte sich seine Haltung. Tom begann, echte Gespräche zu führen. Nicht nur Beratungen. Er hörte zu. Fragte ehrlich. Aber vor allem: Er bewertete nicht länger das Portemonnaie seiner Kunden.

> »Ich biete die Vollkasko – wenn sie passt. Aber ich respektiere auch, wenn es heute nur zur Teilkasko reicht.«
>
> »Ich bewerte nicht, was Du zahlst – sondern was es Dir **wert** ist.«

Denn jeder Mensch hat andere Prioritäten. Andere Ängste. Andere Möglichkeiten. Und echte Beratung bedeutet, gemeinsam den Wert zu klären – nicht nur den Beitrag.

SELBSTFAIRANTWORTUNG – DIE ESSENZ

Tom fasste alles in einem einzigen Gedanken zusammen: *Ich verkaufe keine Versicherung. Ich ermögliche Entscheidungen. Und ich übernehme Verantwortung – für das, was ich frage. Nicht für das, was Du entscheidest.*

Das war der Wendepunkt.

Keine Ausreden mehr. Keine Dämmerzustände nach Erfolgen. Keine faulen Kompromisse in der Verantwortung. Denn: **Erfolg ist keine Pause wert. Sondern eine neue Etappe.** Und SelbstfairANTWORTung beginnt dort, wo Ausreden enden – und echte Fragen gestellt werden. Um dieser SelbstfairANTWORTung gerecht zu werden, müssen wir Versicherungen greifbarer machen.

VERSICHERUNGEN GREIFBAR MACHEN STATT ZU ERDRÜCKEN

In seinem Notizbuch schrieb Tom an diesem Abend eine letzte Zeile unter das Kapitel *SelbstfairANTWORTung*. Sie lautete: *Wenn Menschen nicht handeln, liegt das oft nicht an Desinteresse. Sondern daran, dass sie es nicht fühlen – nicht greifen können.*

Er begriff: Versicherungen sind kein sichtbares Produkt. Keine Farbe, kein Klang, kein Duft. Sie riechen nicht nach Neuwagen. Sie schmecken nicht wie Popcorn. Und genau das macht sie so schwer greifbar – für Kunden und manchmal sogar für uns selbst.

Versicherungen greifbar machen – so geht's

Tom schrieb weiter – fast wie einen offenen Brief an seine Kollegen in der Branche: *Wir müssen aufhören, über Versicherungen zu reden. Stattdessen sollten wir anfangen, sie erlebbar zu machen. Denn: Nur was ich fühle, kann ich bewerten. Nur was ich verstehe, kann ich entscheiden.*

Toms beste Tipps für greifbare Beratung

1. **Vom Fachchinesisch zur Lebensrealität**
   Sag nicht: »Diese Police leistet bei Invalidität im Rahmen der Grundfähigkeitsversicherung.«

   Sag lieber: »Wenn Sie morgen nicht mehr selbstständig essen, sich anziehen oder sprechen könnten, wer zahlt dann Ihre Miete?«

2. **Erzähle echte Geschichten**
   Nicht um Angst zu machen, sondern um Nähe zu schaffen.

   Beispiel: »Letztes Jahr hatten wir einen Fall, da ist ein selbstständiger Fotograf mit 32 Jahren durch einen Schlaganfall berufsunfähig geworden. Zum Glück war er versichert. Er sagt heute: ‚Das war der beste Vertrag meines Lebens.'«

3. **Teile Fakten, die Vertrauen schaffen**
   Sag dem Kunden z. B. offen: »Wussten Sie, dass bei uns ca. X Prozent aller Leistungsfälle anerkannt werden?«[11] Das zeigt: Versicherungen zahlen. Sie schützen. Sie helfen.

4. **Frag nicht nur: »Was wollen Sie zahlen?«**
   Sondern frag: »Was ist Ihnen wichtig, wenn morgen alles anders kommt? Und was darf auf keinen Fall passieren?«

   Diese Frage bringt den Kunden vom Kopf ins Herz – und genau dort fällt die Entscheidung.

5. **Gib Orientierung statt Optionenflut**
   Kunden brauchen keine 27 Tarifrechner. Sie brauchen einen Menschen, der ihnen Klarheit gibt. Biete einen Vergleich, aber mach ihn relevant: »Ich zeige Ihnen zwei Varianten – eine mit viel Leistung, eine mit dem Nötigsten. Und wir schauen gemeinsam, was für Sie passt.«

6. **Mach Dich als Berater greifbar**
   Kunden kaufen nicht bei Marken. Sie kaufen bei Menschen. Erinnere dich: Nähe entsteht durch echtes Interesse. Vertrauen durch Zuhören. Wert durch Haltung.

7. **Kein Druck – keine Drohung – kein Drama**
   Tom schrieb in großen Lettern: *Angst verkauft, aber Fairtrauen bindet.*

   Statt zu sagen: »Stellen Sie sich vor, Sie sind morgen querschnittsgelähmt – und nicht versichert!« Sag lieber: »Ich hoffe, Sie brauchen das nie. Aber wenn doch – wäre es nicht beruhigend, einfach abgesichert zu sein?«

8. **Wiederholen. Wiederholen. Wiederholen.**
   Kunden verstehen nicht alles im ersten Gespräch. Sie brauchen Zeit – aber auch wiederholte Erinnerung. Tom nennt das: »Vertrauensaufbau in Etappen.«

---

[11] Abhängig von der jeweiligen Versicherungsgesellschaft

Sein Fazit im Tagebuch: *Versicherung ist nicht sexy. Aber sie ist essenziell. Unsere Aufgabe ist es nicht, sie schöner zu reden, sondern fairständlicher. Näher. Menschlicher. Greifbarer.*

Denn dann – und nur dann – beginnt FAIRKAUFT.

REUE HAT KEIN RÜCKGABERECHT – ABER ENTSCHEIDUNG HAT ZUKUNFT

Lina roch den Geruch von Desinfektionsmittel, bevor sie das Krankenzimmer überhaupt betrat. Er überdeckte jedoch nicht das, was ihre Tante jahrzehntelang hinterlassen hatte – einen feinen, beißenden Schleier aus Rauch, der sich wie eine zweite Haut über die Erinnerungen ihrer Kindheit legte.

Zigarette in der Hand. Immer. Morgens zum Kaffee. Nachmittags beim Telefonat. Abends, wenn Ruhe einkehrte. Eine Schachtel pro Tag war Standard. Zwei, wenn es stressig war. Und irgendwie war es immer stressig.

Heute aber war es still. Kein Qualm. Kein Feuerzeugklicken. Nur die Atemnot. Die Diagnose: Lungenkrebs. Die Therapie: Hoffnung mit Verfallsdatum.

»Hätte ich doch auf meinen Hausarzt gehört ...«, flüsterte ihre Tante, während sie sich mit zitternden Fingern die Decke bis unters Kinn zog. »Ich dachte immer, ich sei unverwundbar. Dass das nur den anderen passiert. Aber nicht mir.« Ihre Stimme war brüchig – doch in ihren Augen lag keine Überraschung. Nur tiefe Reue.

DIE SPÄTE RECHNUNG

Lina schluckte. Nicht nur den Kloß im Hals – sondern auch das Gewicht dieser Worte. Wie oft hatte sie selbst gedacht: *Wird schon gut gehen.* Wie oft hatte sie Themen verdrängt, aufgeschoben, innerlich weggeschoben?

Als sie später mit ihrer Tante im Krankenhauspark spazieren ging, sah sie einen jungen Mann – kaum älter als sie. Linke Hand: Tropfständer. Rechte Hand: Zigarette. Der Verband am Bein noch frisch, die Sucht schon wieder wach. Der Anblick war absurd. Und schmerzhaft real.

In diesem Moment machte es Klick. Sie wusste das alles zwar, auch wegen der Erfahrung mit ihrem Hund Milo, aber in diesem Moment haben sich ihr Herz und ihr Fairstand verbunden. **FairANTWORTung beginnt nicht beim Unfall, sondern bei der Entscheidung davor.**

»Wir sind die Summe unserer Entscheidungen – und unserer Verdrängungen.«

Lina dachte an Versicherungen. An all die Menschen, die lieber *Netflix* abonnieren als ihre Einkommenssicherung zu klären. Die sich neue Sneaker gönnen, aber bei der Altersvorsorge sagen: »Das hat noch Zeit.« Die fünf Euro für das Popcorn im Kino zahlen sie selbstverständlich, bei einer Unfallversicherung von 30 Euro monatlich rollen sie jedoch mit den Augen.

Und sie dachte an sich selbst. Wie oft sie die Beratungsgespräche vertagt hatte. Wie oft sie sich eingeredet hatte, *der Staat wird's schon richten* – ohne genau zu wissen, wie. Wie oft sie Entscheidungen aufgeschoben hatte, weil sie unbequem waren.

DIE WAHRHEIT IST UNBEQUEM, ABER SIE RETTET LEBEN

»Nicht der Beitrag ist teuer. Der Verzicht kann unbezahlbar sein.«

Lina kam nach Hause. Im Briefkasten: Die neue Ausgabe des ***Fairmittler.***-Magazins. Auf dem Titel: Ein Mann mit offenen Augen, ruhiger Haltung, klarer Botschaft. **Andreas Rienhoff.** Darunter der Satz: »Wir suchen nicht nach Fehlern, sondern nach Lösungen.«

Der Satz traf sie. Tief. Denn jetzt suchte ihre Tante nach dem Fehler. Aber Lösungen gehören in die Vergangenheit, nicht in die Reue.

Entscheidungen brauchen Klarheit – nicht Panik

Lina schlug das Magazin auf. Sie las das Interview mit Andreas Rienhoff – und mit jedem Absatz wuchs in ihr ein Gedanke, ein Gefühl, ein Entschluss …

»WIR SIND NICHT NUR VERANTWORTLICH FÜR DAS,
WAS WIR TUN. SONDERN AUCH FÜR DAS,
WAS WIR NICHT TUN.«

- MOLIÉRE -

WIR SUCHEN NICHT NACH FEHLERN,
SONDERN NACH LÖSUNGEN.
ANDREAS RIENHOFF
GESCHÄFTSSTELLENLEITUNG PROVINZIAL RIENHOFF
MASSENER STR. 114 - 59423 UNNA
MEHR INFOS:

ANDREAS RIENHOFF
- PROVINZIAL-GESCHÄFTSSTELLE UNNA

Gemeinsame Lösungsorientierung auf Augenhöhe mit gegenseitiger Fairbindlichkeit und Fairtrauen.

WER WIR SIND

Wir glauben daran, dass gute Beratung bei uns selbst beginnt – mit unserer Haltung. Unser Motto: »**Flach spielen, hoch gewinnen**« – ehrlich, verbindlich, bodenständig. Wir suchen nicht nach Fehlern – wir suchen nach Lösungen. Denn wir wissen: Kunden spüren, ob wir nur verkaufen oder sie wirklich begleiten.

Deshalb sind wir nicht nur Vermittler. Wir sind eine Marke. Eine Haltung. Eine Gemeinschaft.

UNSERE STRATEGIEN UND ERFOLGSGEHEIMNISSE

Wir setzen auf **Sog statt Verkaufsdruck**. Kunden kommen zu uns, weil sie sich gesehen und verstanden fühlen – nicht, weil wir sie überzeugen müssen. In unserem Team greift jedes Zahnrad ins andere – das schafft Verlässlichkeit, Stabilität und Vertrauen. Unsere Beratung ist ganzheitlich: vom ersten Kontakt bis weit über den Versicherungsfall hinaus.

Unsere Spezialisierung auf Hausverwaltungen und deren komplexe Bedürfnisse hat uns ein zweistelliges Bestandswachstum ermöglicht – ohne Kompromisse beim Service. Mit unserem Projekt ***Agentur 2030*** gestalten wir Digitalisierung aktiv – als Werkzeug für klarere Prozesse, höhere Erreichbarkeit und eine bessere Kundenbeziehung.

UNSERE BERATUNG UND KUNDENBEZIEHUNG

Unsere Beratungen sind ehrlich, auf Augenhöhe und lösungsorientiert. Wir hören zu, statt zu überreden. Wir begleiten, statt zu belehren. Standardisierte Abläufe helfen uns, aber sie ersetzen nie das persönliche Gespräch. Wir sagen auch ehrlich: »Vielleicht sind wir nicht der richtige Partner.« Denn Vertrauen braucht Transparenz.

Ein fester Bestandteil jeder Beratung ist die Frage: »Wann sehen wir uns wieder?« – weil Kundenbindung für uns keine Verkaufsstrategie ist, sondern gelebte Beziehung.

UNSERE WERTE UND KOMMUNIKATION

Wir stehen für Transparenz, Ehrlichkeit und Verantwortung. Wir versprechen nur, was wir halten können – und halten, was wir versprechen. Unsere Kommunikation ist so vielfältig wie unsere Kunden: Ob *WhatsApp*, Social Media, Videoberatung oder klassisches Telefonat – wir sind da, wo unsere Kunden sind. Unsere Vermittler verstehen sich als Wissensvermittler – nicht als Produktverkäufer. Persönlichkeitsentwicklung als Wissensvorsprung.

Weiterbildung ist bei uns keine Option, sondern Haltung. Wir lernen ständig dazu – voneinander, von Trainern und von unseren Kunden.

Digitalisierung begegnen wir mit Offenheit. Wir gestalten sie aktiv mit – im Dienst an der Beziehung. Teamwork ist unser größter Hebel. Wir wachsen gemeinsam – menschlich und fachlich.

UNSER NETZWERK ALS ERFOLGSFAKTOR

Wir sind in starken Netzwerken aktiv: *BNI*, *Lions Club*, *Round Table* – nicht für Visitenkarten, sondern für echte Synergien. Unsere besten Empfehlungen kommen von zufriedenen Kunden, die uns weiterempfehlen, weil sie sich wirklich gut betreut fühlen.

WARUM WIR SO ERFOLGREICH UND EINZIGARTIG SIND

- Wir verbinden Tradition mit Innovation.
- Wir denken in Beziehungen, nicht in Abschlüssen.
- Wir leben eine Teamkultur, die schützt und entwickelt.
- Wir begeistern mit Fachlichkeit, Haltung und Menschlichkeit.
- Wir wachsen lösungsorientiert, ohne unsere Werte zu verlieren.

UNSER USP

- Fünf-Sterne-Betreuung vor, während und nach dem Abschluss
- Persönlich, strukturiert und digital erreichbar
- Echte Kundenbindung statt Terminjagd
- Spezialwissen mit Herz und Haltung
- Teamgeist, der nicht motiviert, sondern mitreißt

Wir sind kein Vertriebsapparat. Wir sind Möglichmacher. Zuhörer. Dienstleister mit Verantwortung. Denn in jeder Beratung steckt mehr als nur ein Produkt. Es steckt ein Mensch mit Fragen, Hoffnungen, Sorgen und Zielen dahinter. Und genau dafür sind wir da.[12]

ANDREAS RIENHOFF

[12] Interview vom 08.04.2025 - Interviewer Christian Seeger

NACHKLANG DES INTERVIEWS

Lina war begeistert. Diese verantwortungsvolle Haltung motivierte sie, sich nun mit ihren Versicherungen auseinanderzusetzen. Was brauche ich? Was nicht? Sie beschloss, eine Entscheidung zu treffen. Sie machte einen Plan und ... Der Abschluss kostet vielleicht Überwindung. Der Beitrag kostet vielleicht Geld. Aber der Verzicht auf Entscheidung kann Wert, Sicherheit und Zukunft kosten.

»Es geht nicht darum, ob es teuer ist. Es geht darum, ob es mir das wert ist.« Und: »Ich kaufe nicht Versicherung. Ich kaufe Freiheit, Schutz, Handlungsspielraum – im entscheidenden Moment. Nicht Preis. Nicht Druck. Sondern: Bedeutung.«

Lina war überzeugt: »Ich will nicht mehr abwarten. Ich will fairstehen. Ich will nicht mehr verdrängen. Ich will vorsorgen.«

Noch am selben Abend schrieb sie ihren Plan auf. *Was brauche ich? Was ist mir wirklich wichtig? Welche Risiken kann ich tragen, welche will ich niemals erleben?* Sie suchte nicht nach der günstigsten, sondern nach der sinnvollsten Lösung. Nach der, die zu ihr, zu ihrem Leben, zu ihren Werten passte. Der Appell: Reue kann teuer werden.

Aber Entscheidung ist ein Geschenk – an Dein zukünftiges Ich.

JETZT BIST DU DRAN

HALTE DEINE GEDANKEN FEST. SIE SIND WERTVOLL.

Mein wichtigstes Learning

Mein wichtigstes To-do

KAPITEL 8
FAIRPACKUNG

WAS BROKKOLI, HÄHNCHEN UND DER EID DES HIPPOKRATES MIT SICHTBARKEIT UND RICHTIGER FAIRPACKUNG GEMEIN HABEN

An diesem Tag spürte Tom schon beim Aufwachen, dass irgendetwas in der Luft lag. Vielleicht war es der Termin mit Emil, vielleicht sein diffuses Gefühl, dass heute mehr passieren würde als nur ein Arztbesuch. Er saß früh am Schreibtisch, arbeitete seine Vorgänge durch und klärte Rückrufe.

Es lief gut, seine Zahlen stimmten – und doch: Etwas fehlte. Tom wusste es, auch wenn er es sich selbst nicht gern eingestand. Er arbeitete mehr denn je, beriet besser denn je – und doch wurde er von seinen Kunden nicht so wahrgenommen, wie er es sich tief drinnen wünschte.

Auf dem Weg ins Büro passierte es dann: ein simpler Schwung bunter Ballons an der Straße, flatternd im Sommerwind. Sie lockten ihn wie ein Kind, das einen Rummel entdeckt. Ballons, Brathähnchen, Bauchgefühl – das genügte. Ein kleiner Umweg, ein kurzer Anruf bei Elena, und schon stand fest: Heute gab es Hähnchen statt Fisch.

Ein banales Bild, und doch wurde es für Tom ein Weckruf: **Sichtbarkeit entscheidet**. Hätte der Imbiss keine Ballons aufgestellt, wäre Tom weitergefahren. Das Wasser hätte er irgendwo anders gekauft. Es war nicht das Produkt, das ihn anzog, sondern die Einladung. Die freundliche Geste am Straßenrand, die ihn aus seiner Routine riss.

Als Tom später mit der Tüte knuspriger Hähnchen zu Hause ankam, traf ihn die nächste Überraschung: Emil und Ida saßen am Tisch und aßen Brokkoli. BROKKOLI! Nicht roh, nicht verkocht, sondern clever getarnt als goldbraune Taler. Tom staunte. Elena lachte: »Es kommt nicht nur darauf an, was Du servierst. Sondern wie.«

Wenig später saßen Vater und Sohn im Wartezimmer einer kleinen Praxis. Emil verkrampft, Tom unruhig. An der Wand hing er, der Schwur des Hippokrates, Wort für Wort, fast ehrfürchtig gerahmt. Tom las ihn, Zeile für Zeile. »Ich werde meine Verordnungen zum Nutzen der Kranken treffen, nach meiner Kraft und meinem Urteil ... ich werde helfen, nicht schaden ... ich werde verschweigen, was ich höre.«

Ein Gedanke schoss ihm durch den Kopf: *Warum gibt es so etwas nicht für Fairmittler?* Ein Eid, der Haltung sichtbar macht, der Versprechen an Kunden bindet. Nicht bloß Verträge, sondern echte Verantwortung.

Emil zappelte. Als der Arzt ihn hereinbat, klammerte er sich an Toms Hand wie an ein Rettungsseil. Doch dann – kaum waren sie im Behandlungszimmer – kippte die Stimmung. Der Arzt wechselte ins Spielerische. Er ließ Emil trommeln, zeichnen, lachen. Er behandelte ihn, ohne dass Emil es merkte. Tom war sprachlos. Alles wirkte so leicht. So klar. So anders.

Und dann kam dieser Geistesblitz: ***Es ist nicht nur der Inhalt – es ist die Fairpackung.*** *Brokkoli wird gegessen, wenn er als Taler daherkommt. Eine Behandlung wird ertragen, wenn sie spielerisch ist. Versicherung wird fairstanden, wenn sie fühlbar ist.*

Tom begriff plötzlich: *Ich habe meinen Kunden jahrelang Brokkoli pur aufgetischt. Versicherungsdeutsch, Paragrafen, Zahlen – trocken, unverdaulich. Ich muss anders werden. Nicht unehrlich. Aber spürbar. Wirksam. Fairpackt. Damit es mein Gegenüber fairsteht – und will.*

Auf der Heimfahrt schlief Emil tief und fest. Tom hielt an einer Raststätte und gönnte sich einen Cappuccino. Neben ihm das neue ***Fairmittler.***-Magazin. Auf dem Cover: **Marius Aukamp** – mit einem Satz, der ihm die Gänsehaut über den Nacken jagte: »Wir haben einen echt geilen, abwechslungsreichen und wichtigen Job.«

**»DU MUSST BEREIT SEIN, DIE DINGE ZU TUN,
DIE ANDERE NIEMALS TUN WERDEN,
UM DINGE ZU HABEN,
DIE ANDERE NIEMALS HABEN WERDEN.«**

- LES BROWN -

WIR HABEN EINEN ECHT GEILEN, ABWECHSLUNGSREICHEN UND WICHTIGEN JOB.
MARIUS AUKAMP
AGENTURLEITUNG LVM-AGENTUR AUKAMP
MÜHLENSTR. 32-34 - 27356 ROTENBURG
MEHR INFOS:

MARIUS AUKAMP
- LVM-AGENTUR ROTENBURG

Haltung, Handwerk und Heimat – wir verkaufen keine Produkte. Wir begleiten Leben.

VOM AZUBI ZUM VERTRAUENSPARTNER – WIR WACHSEN MIT VERANTWORTUNG

Was einmal als Azubi begann, leben wir heute als Agentur mit Herz: Wir stehen für Beratung, die nicht lauter, sondern klarer wird. Nicht schneller, sondern sinnvoller. Nicht billiger, sondern wertvoller. Wir wollen nicht nur Kunden gewinnen – wir wollen sie behalten. Und zwar ein Leben lang.

BERATUNG: QUALITÄT STATT QUOTE – WIR STELLEN DEN MENSCHEN VOR DEN ABSCHLUSS

Wir beraten nicht nach Schema F. Wir hören zu, bevor wir sprechen. Wir empfehlen nur, was wirklich gebraucht wird. Keine Gießkanne, sondern gezielte, empathische Lösungen. Standards gibt es bei uns nur da, wo sie Sinn machen. Für alles andere braucht es echtes Handwerk und Herz.

GANZHEITLICH NAH – WIR BEGLEITEN STATT NUR ZU VERKAUFEN

Unsere Beratung endet nicht mit der Unterschrift. Sie begleitet durchs Leben: Berufseinstieg, Familiengründung, Jobwechsel, Rente. Vertrauen auf Lebenszeit ist unser Ziel. Deshalb sind wir spezialisiert:

- Landwirtschaft – unsere Wurzeln
- Betriebliche Altersvorsorge – unser Fokus
- Schüler-BU – unsere Zukunftssicherung

Und: Wir sind da, wenn sich das Leben ändert. Auch beim Jobwechsel.

ROTENBURG IST HEIMAT – UND WIR SIND MITTENDRIN

Wir sind kein Schild an der Tür. Wir sind Teil der Region. Mit sieben gebrandeten Fahrzeugen, Vereinsförderung, lokaler Präsenz. Unsere Empfehlungskette reicht durch Generationen. Hotline? Kennen unsere Kunden nicht. Sie kennen Marius. Und sein Team. Persönlich.

Digitalisierung mit Gesicht – wir nutzen Technik für Nähe

Unsere App verbindet direkt mit uns – ohne Warteschleife. Vollmachten regeln wir selbst – ohne Umweg über die Zentrale. Automatisierung hilft uns, mehr Zeit für Menschen zu haben. Bei uns ist niemand nur beim *LVM* versichert, sondern bei uns.

Teamkultur: Wir sind Mensch, nicht Maschine

Bei uns wird niemand in ein Vertriebskorsett gezwungen. Jeder darf, jeder soll seine Stärken zeigen. Weiterbildung ist Pflicht und Geschenk. Wir glauben: Echte Wertschätzung innen schafft Vertrauen außen. Deshalb gibt es bei uns keine Ellbogen, sondern Schulter an Schulter.

Ehrlich, auch wenn es wehtut – wir sprechen über Grenzen

Nicht jedes Produkt passt. Nicht jeder Abschluss ist sinnvoll. Nicht jeder Kunde passt zu uns. Und genau das sagen wir: offen und klar. Denn Wahrheit schafft mehr Vertrauen als jeder Rabatt. Wir reden über Lücken, bevor sie teuer werden. Wir täuschen niemanden, wir übernehmen Verantwortung.

Vertrieb mit Rückgrat – wir haben eine klare Haltung

Wir verkaufen nicht um jeden Preis. Wir analysieren sauber, beraten strukturiert und stehen zu unserem Wert. Kein Preisdumping, sondern Werterhalt. Wir erwarten auch Respekt von unseren Kunden: für unsere Arbeit, unsere Zeit, unsere Leistung. Geld fairdienen ist kein Problem, solange wir saubere Arbeit leisten.

WAS UNS EINZIGARTIG MACHT – UNSERE HANDSCHRIFT, UNSER HERZSCHLAG

- Persönliche Beziehungen statt anonymer Verträge
- Regionale Sichtbarkeit mit Herz und Haltung
- Spezialisierung mit Substanz
- Digitalisierung mit persönlichem Service
- Vertrieb mit Moral – Beratung mit Substanz
- Ein Team, das füreinander einsteht

Unser Fazit: Deshalb funktioniert es

Weil wir nichts verkaufen, woran wir nicht selbst glauben.

Weil wir lieber erklären als überreden.

Weil wir lieber begleiten als beeindrucken.

Weil Vertrauen nicht eingefordert wird, sondern verdient.

Und weil wir uns nicht verstellen müssen. Wir sind, wer wir sind: echt, nahbar, fair.[13]

MARIUS AUKAMP

[13] Interview vom 03.06.2025 – Interviewer Christian Seeger

NACHKLANG ZUM INTERVIEW

Tom saß noch immer mit dem halb ausgetrunkenen Cappuccino auf dem Beifahrersitz. Emil schlief tief und fest, während draußen die Nachmittagssonne die Raststätte in warmes Licht tauchte. Vor ihm lag das ***Fairmittler.***-Magazin, daneben lag sein Handy mit einer Liste voller neuer Gedanken.

Sein Kopf rauschte. Alles, was er heute gesehen hatte – Ballons am Straßenrand, Brokkoli als Taler, ein Arzt mit einem Eid, der Haltung atmet – fügte sich zu einem klaren Bild: *Wenn ich will, dass Menschen hinschauen, zuhören und sich absichern, muss ich sie berühren, nicht belehren.*

Er dachte an seine Kunden. An all die Gespräche, in denen er gespürt hatte, wie die Augen abglitten, wenn es um Paragrafen, Risiken und Beiträge ging. Wie sie die Arme verschränkten, wenn er von Renten- und Absicherungslücken sprach. **Druck erzeugt Gegendruck.** Das wusste er längst. Heute hatte er es fairstanden.

Tom war klar: *Er musste sichtbar sein. Und er musste fairständlich sein.* Kein Marktschreier. Kein Drücker. Sondern jemand, der einlädt. Der schützt. Der vorbereitet und dabei nie den Kern verwässert.

So kam ihm die Idee: Eine **starke Fairpackung**, die nichts versteckt, aber alles verständlicher macht. Eine Fairpackung, die nicht den Inhalt verändert, sondern die Entscheidung erleichtert.

Er kritzelte es in sein Notizbuch, während Emil leise im Schlaf brummelte:

- *Marketing, das sichtbar macht – ohne zu schreien.*
- *Beratung, die aufklärt – ohne zu belehren.*
- *Eine klare Struktur, die aus »Ich schau mal« ein »Ich entscheide jetzt« macht.*

So entstand noch im Auto der erste Entwurf für sein neues Konzept. Kurz, knackig, klar. Kein stundenlanger Monolog, sondern ein Gespräch, das in wenigen Minuten aufdeckt, was wirklich zählt und wo es wirklich klemmt. Ein erster Schritt, um aus »*Vielleicht später*« ein »*Ja, ich will Sicherheit*« zu machen.

Sichtbarkeit. Fairpackung. Aktivierung.

Er grinste, als er den Motor startete. Emil schlief noch immer, der Himmel färbte sich langsam golden. Und Tom wusste: Ab morgen würde er nicht nur sichtbar sein. Er würde spürbar sein. Und mit jedem Kunden ein bisschen mehr das tun, was er heute gelernt hatte: **Nicht drängen. Einladen. Nicht verkaufen. Begleiten. Nicht versprechen. Halten.**

Er flüsterte es leise in die Stille des Autos: »Ab heute wird fairpackt, nicht versteckt.« Und fuhr nach Hause. Bereit. Bereit für mehr.

JETZT BIST DU DRAN

HALTE DEINE GEDANKEN FEST. SIE SIND WERTVOLL.

Mein wichtigstes Learning

Mein wichtigstes To-do

KAPITEL 9
DIE VERSICHERUNGSFAIRKEHRSORDNUNG

WAS STVO MIT DEM VVG FAIRBINDET

Lina sitzt hinterm Steuer. Die Sonne bricht durch die Wolken, als wolle sie ihr signalisieren: Heute kommt Licht ins Dunkel. In ihrem Kopf dreht sich alles um diesen einen Gedanken: *Fairantwortung. Absicherung. Und was passiert, wenn beides fehlt.* Auf dem Weg zum Bahnhof, wo sie ihr Auto abstellen wollte, um mit dem Zug zu reisen, machte Lina Erfahrungen, die ihr Leben fairändern würden.

Für Lina war es ein wichtiger Tag. Heute fuhr sie nicht einfach irgendwohin. Sie fuhr zu einer Informationsveranstaltung an der *DEULA*-Schule, um herauszufinden, wie sie ihren Meister machen konnte. Diesen einen Titel, der Türen öffnete. Der ihr die Chance bot, den Tischlereibetrieb ihres ehemaligen Chefs zu übernehmen. Und mehr noch: Sie wollte auch fairstehen, wie man sich in diesem neuen Leben als Selbstständige absichert. Dieser Impuls war ihr aus dem Interview mit **Leif Karstens** im Gedächtnis geblieben. Ein Gespräch, das sie nicht mehr losgelassen hatte. Leif, der als Dozent an der *DEULA*-Schule unterrichtete – neben seiner Tätigkeit als Fairmittler – hatte ihr nicht nur die Schule empfohlen. Er hatte etwas gesagt, das sich festgesetzt hatte. Etwas, an das sie nun wieder dachte:

**»VERSICHERUNGSBERATUNG IST NICHT PRODUKTVERMITTLUNG,
SONDERN LEBENSHILFE MIT STRUKTUR.«**

- LEIF KARSTENS -

> VERSICHERUNGSBERATUNG IST NICHT PRODUKTVERMITTLUNG, SONDERN LEBENSHILFE MIT STRUKTUR.

LEIF KARSTENS

AGENTURLEITUNG ITZEHOER-AGENTUR KARSTENS

DORFSTR. 25 - 24790 SCHACHT-AUDORF

MEHR INFOS:

LEIF KARSTENS
- ITZEHOER AGENTUR SCHACHT-AUDORF

Individuelle Lösungen mit Wahrheit, Klarheit und Fairness.

FAIRMITTLER MIT LEIB UND SEELE

Wir leben eine Beratung, die sich an Wahrheit, Klarheit und Ehrlichkeit orientiert. Bei uns geht es nicht um »verkaufen müssen«, sondern um echte Begleitung. Wir denken langfristig, handeln ganzheitlich und stellen den Menschen über das Produkt. Unser Service endet nicht mit der Unterschrift – er beginnt dort.

Ich bin Vermittler mit Überzeugung. Ich liebe das, was ich tue. Nicht, weil ich muss, sondern weil ich will. Wenn ich Menschen helfen kann, besser abgesichert zu sein, dann ist das kein Job. Das ist meine Berufung.

HALTUNG UND VERANTWORTUNG

Wir übernehmen Verantwortung. Vor allem dann, wenn es darauf ankommt – im Schadenfall. Hier zeigen wir, was Beratung wirklich bedeutet. Wir regulieren oft direkt in der Agentur, schnell, unbürokratisch, mit echtem Einsatz. Denn der Moment der Wahrheit ist keine Theorie, sondern Praxis. Beratung ist nicht das Gespräch, sondern das Versprechen, das ich im Ernstfall einlöse. Wer sich auf mich verlässt, kann das auch wirklich tun.

STRUKTUR, FACHLICHKEIT UND SERVICE

Wir arbeiten strategisch, systematisch und digital. Von *WhatsApp*-Kommunikation über Onlineberatung bis zur E-Signatur. Wir nutzen moderne Werkzeuge für echten Kundennutzen. Unsere Prozesse sind so organisiert, dass die Kundenberatung im Mittelpunkt stehen kann.

Ich glaube an Klarheit und gute Vorbereitung. Nicht an heiße Luft. Ich zeige nur, was relevant ist, aber ich bin fachlich jederzeit tief im Thema.

INDIVIDUALITÄT UND FAIRNESS

Wir geben keine Standardlösungen. Jeder Mensch ist anders. Deshalb gibt es bei uns Beratung mit Persönlichkeit, nicht von der Stange. Was nicht geht, sagen wir auch. Wir verkaufen nicht um jeden Preis. Ethik vor Quote. Vertrauen vor Abschluss. Ich berate mit offenem Visier. Und ich würde jederzeit bei mir selbst unterschreiben. Darauf bin ich stolz.

LERNEN UND ENTWICKLUNG

Wir investieren kontinuierlich in die Weiterbildung unserer Mitarbeiter – fachlich, rhetorisch und strategisch. Coachings wie bei Christian Seeger helfen uns, Beratung auf das nächste Level zu bringen. Nicht nur für mehr Umsatz, sondern für mehr Wirkung. Weil ich neugierig bleibe. Weil ich wachsen will. Und weil ich weiß: Stillstand ist Rückschritt.

ZIELGRUPPENFOKUS UND MODERNE ANSPRACHE

Wir sind stark vernetzt – z. B. im *BNI* oder beim *Roundtable* – und verstehen die Bedürfnisse unserer Kunden. Besonders Handwerker und junge Menschen liegen uns am Herzen. Unsere Beratung ist modern, digital und trotzdem persönlich. Sichtbar. Nahbar. Greifbar.

Ich bringe mein Wissen auch als Dozent an der *DEULA*-Hochschule ein, wo ich Handwerkern im Rahmen eines Meisterkurses über Versicherungen informiere und aufkläre. So erreiche ich junge Menschen, wo sie stehen: praxisnah und verständlich.

MENSCHLICHKEIT UND AUSGLEICH

Wir glauben: Nur wer gut zu sich selbst ist, kann gut für andere da sein. Deshalb fördern wir die Balance im Team und arbeiten mit Freude statt mit Druck.

Ich bin Fußballer, Freund, Familienmensch. Und das gehört genauso zu mir wie mein Beruf. Ich bin gerne im Einsatz, aber nie um jeden Preis.

> »Vertrauen entsteht nicht durch Argumente, sondern durch Ehrlichkeit.«
>
> »Beratung ist nicht Produktvermittlung. Es ist Lebenshilfe mit Struktur.«
>
> »Ich muss niemandem etwas aufschwatzen. Ich helfe zu verstehen.«
>
> »TUN schlägt Theorie, und zwar jeden Tag.«

Wer erfolgreich im Versicherungsvertrieb sein möchte, sollte:

- ehrlich in der Kommunikation,
- stark in der Fachlichkeit,
- modern in der Umsetzung und
- menschlich in der Haltung sein.

Ich bin kein Verkäufer, sondern ein Menschenversteher mit Strategie. Ein Berater mit Verbindlichkeit. Und ein Vorbild für alle, die mit Haltung beraten wollen. »Wahrheit. Klarheit. Ehrlichkeit. Wer gibt, gewinnt.«[14]

LEIF KARSTENS

---

[14] Interview vom 06.05.2025 – Interviewer Christian Seeger

Doch noch bevor Lina am Bahnhof ankam, passierte etwas, das eine Lawine in ihr lostrat. An der Ampel sah sie ihn: einen E-Scooter-Fahrer ohne Helm, der einfach eine rote Ampel ignorierte. Ein Fahrradfahrer zog knapp an ihm vorbei. Rechts ein Auto, dessen Fahrer nicht angeschnallt war. Und während Lina wartete, krachte es nur wenige Meter weiter. Ein Blechschaden – zum Glück nur das. *Aber was wäre, wenn nicht?*

Mit jedem Meter, den sie weiterfuhr, fielen ihr mehr Parallelen auf. Die Straßenverkehrsordnung – sie regelt alles: Wer fährt zuerst, wer wartet? Sie baut Schilder auf, zeigt uns rote Ampeln, grüne Pfeile, weiße Streifen, die uns sagen: *Hier hältst Du an. Hier fährst Du weiter.*

Und doch: Es gibt sie immer – die, die glauben, Regeln gelten nur für andere. Die, die bei Rot rübergehen. Die, die mit 50 durch die 30er-Zone rauschen. Die, die keinen Gurt brauchen – bis sie ihn brauchen.

Und Lina dachte: *Wie sehr gleicht das doch der Welt der Versicherungen! Denn dort gibt es keine roten Ampeln. Es gibt keine weißen Streifen. Es gibt keine Polizei, die stoppt, wenn Du Deine Absicherung schleifen lässt. Es gibt Gesetze, ja, das Versicherungsvertragsgesetz (VVG). Es gibt Beratungspflichten für Vermittler. Papier. Paragrafen. Aber wer achtet im entscheidenden Moment darauf, ob sie gelebt werden?*

Wer klärt, was Vorrang hat – Risiko oder Sparsamkeit? Wer stoppt den Kunden, der ohne »Versicherungshelm« durch sein Leben rast? Wer gibt dem Kunden wahrhaftige Orientierung wie ein Pfeil auf dem Boden einer Straße und führt ihn wie ein Navigationsgerät an sein Ziel? Wer folgt seiner Spur und lässt sich von anderen weder ablenken noch bedrängen? Wer fährt ohne persönliche Vollkaskoversicherung durchs Leben, hat sein Auto jedoch bis unter die Decke versichert, zahlt immens hohe Beiträge dafür und denkt, dass mit dem Abschluss einer Kfz-Versicherung im billigsten Tarif alle Must-have-Versicherungen erfüllt sind?

Im Zug saß Lina am Fenster. Draußen zogen Felder vorbei, Autos, Häuser – überall Regeln, überall Schilder. *Sicherheit ist sichtbar*. In der Versicherungswelt? *Unsichtbar*. Erst wenn etwas passiert, wird sie spürbar – und dann ist es oft zu spät.

Lina dachte an all die Gespräche, die sie in letzter Zeit geführt hatte. Wie viele Menschen vertrauten darauf, *dass nichts passieren würde*. Wie viele sagten: »Das wird schon.« So wie ihre Tante es mit dem Rauchen getan hatte, bis die Diagnose kam. Wie viele drückten sich vor Entscheidungen, so wie manche Autofahrer sich vor dem Anschnallen drücken.

Und plötzlich schoss es ihr durch den Kopf wie ein greller Blitz: *Die Versicherungswelt braucht ihre eigene Straßenverkehrsordnung*. Eine Ordnung, die Orientierung gibt. Die Ampeln aufstellt: *Grün – alles sicher. Gelb – Handlungsbedarf. Rot – Gefahr im Verzug*. Eine Ordnung, die nicht Angst macht, sondern Sicherheit schafft. Die nicht schiebt, sondern führt.

Denn was, wenn wir aufhören, Versicherungen wie ein trockenes Papier zu sehen? Was, wenn wir sie sehen wie einen Gurt, der Leben rettet? Wie einen Helm, der Köpfe schützt? Was, wenn ein guter Berater wie ein Schutzengel ist, der sagt: »Stopp – hier solltest Du langsamer fahren. Hier musst Du Vorrang geben. Hier brauchst Du ein Schutzschild.«

Lina sah die anderen Leute im Zug an. Da waren junge Handwerker, die lachten. Eine Mutter mit einem Kind. Ein älterer Mann, der Zeitung las. Sie dachte: *Wenn sie doch nur wüssten, wie verletzlich sie alle sind! Und wie einfach es wäre, sich ein Sicherheitsnetz zu spannen, wenn man es ihnen nur fair erklären würde.*

Ihr kam das Interview von Leif Karstens in den Sinn. Und sie dachte: *Ja. Lösungen. Regeln. Sicherheit. Wie im Straßenverkehr. Und so einfach, dass es selbst ein Kind fairsteht.*

WAS HABEN DIE STVO UND DAS VVG GEMEINSAM?

- Beides schützt vor dem Schlimmsten, aber nicht vor allem.
- Beides braucht Regeln, aber vor allem Haltung.
- Beides bedeutet Fairantwortung für sich selbst und für andere.

Und der Unterschied?

- Die Straßenverkehrsordnung ist Pflicht, öffentlich überwacht, bei Verstoß spürbar sanktioniert.
- Die Beratungspflicht? Ist da, aber wer kontrolliert sie? Wer lebt sie? Wer schützt den Kunden vor der roten Ampel, wenn der Schaden schon passiert ist?

Linas Erkenntnis: *Ich dachte immer, das Leben hält sich an Regeln. Bis ich begriffen habe: Regeln helfen nur, wenn wir uns daran halten. Ich dachte, Versicherungen sind trockenes Papier. Bis ich fairstand: Was mich rettet, ist nicht die Police. Es ist der Mensch, der sie mir erklärt hat.*

Ihr Fazit: *Eine rote Ampel kann Leben retten. Eine faire, bedarfsgerechte Beratung auch. In beiden Fällen gilt: Nicht überreden, sondern Orientierung geben. Nicht wegschauen, sondern Fairantwortung teilen. Nicht schnell durch, sondern sicher ankommen.*

Und vielleicht ist die wichtigste Gemeinsamkeit: Wenn etwas schiefgeht, ist es nie nur ein Blechschaden. Es ist immer mehr. Und genau deshalb braucht es Menschen, die nicht nur reden, sondern handeln. So wie Lina. So wie Du.

Was Lina noch fehlte, war ein Mensch, der sie bei der Ausarbeitung und Realisierung einer solchen Bewegung begleitete. Was sie nicht wusste: Der erste Kontakt zu dieser Person war nur zwei weitere ***Fairmittler***.-Magazine entfernt …

JETZT BIST DU DRAN

HALTE DEINE GEDANKEN FEST. SIE SIND WERTVOLL.

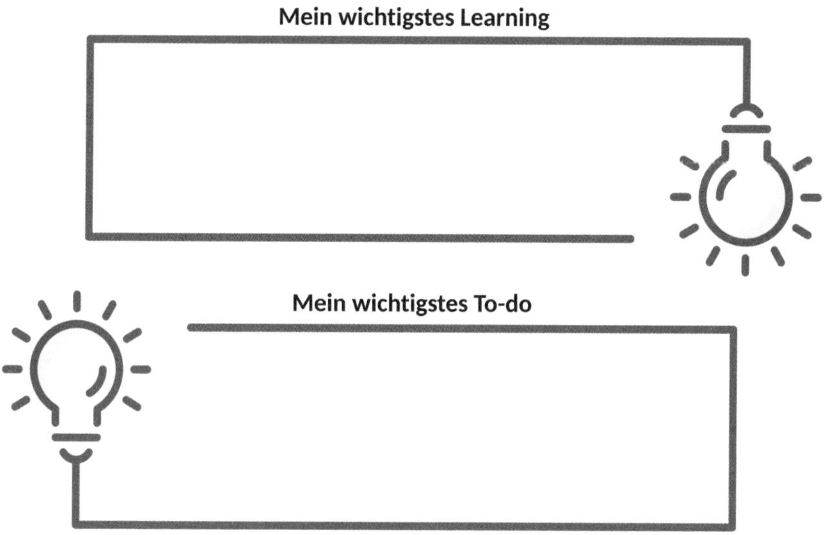

KAPITEL 10
HALTUNG FORMT WIRKUNG

WIRKUNG ERZEUGT FAIRTRAUEN UND FAIRTRAUEN IST EIN LEISTUNGSFAIRSPRECHEN

DAS WU-WEI-POLAROID

Tom wollte einfach gute Bilder. Neue Porträts für seine Homepage, die nicht nur zeigen, *wer* er ist – sondern *wie* er ist. Nahbar. Authentisch. Fairtrauen schaffend. Denn das war sein neuer Anspruch: Nicht perfekt. Sondern echt.

Mit diesem klaren Wunsch betrat er an diesem Morgen das Fotostudio, das ihn schon viele Jahre kannte. Der Kaffee war warm, das Licht weich, das Team gut gelaunt – eigentlich war alles vorbereitet für großartige Aufnahmen. Eigentlich.

Doch nach dem ersten Durchlauf am Bildschirm dann der Schock: Tom wirkte verkrampft. Seine Schultern zu hoch, der Blick zu starr, das Lächeln zu bemüht. Er wollte Nähe – und strahlte Druck aus. Er wollte Vertrauen – und wirkte wie im Vorstellungsgespräch.

»Tom«, sagte die Fotografin sanft, »Du bist nicht ganz da. Du wirkst wie jemand, der etwas erreichen will – nicht wie jemand, der einfach ist.«

Tom nickte, seufzte. »Ich will, dass alles perfekt ist.«

Sie lächelte. »Dann lass das mal los. Wu-Wei.«

»Wu ... was?«, fragte Tom verwirrt.

»Wu-Wei«, wiederholte sie ruhig. »Eine alte Weisheit aus dem Taoismus. Es bedeutet: *Handeln durch Nicht-Handeln*. Oder besser: *wirksames Tun durch müheloses Sein.*«

Sie reichte ihm ein Glas Wasser. »Du willst Vertrauen ausstrahlen? Dann hör auf, es zu wollen. Sei einfach. Atme. Lass Dich selbst zu. Und dann – drücken wir auf den Auslöser.«

Tom atmete. Tief. Langsam. Mehrmals. Und plötzlich passierte etwas. Nicht vor der Kamera. In ihm. Er kam an. Nicht auf dem Set, sondern bei sich selbst. Die nächsten Bilder waren anders. Ehrlich. Offen. Entspannt. Tom sah sich selbst und spürte zum ersten Mal: Das bin ich wirklich.

Später zeigte er die Fotos seiner Frau Elena.

Sie lächelte gerührt: »Tom, das ist nicht nur ein gutes Bild. Es ist ein gutes Gefühl. Wenn ich Dich ansehe, sehe ich Herz. Vertrauen. Sicherheit.«

»Wu-Wei«, flüsterte Tom.

»Ich sag es Dir doch seit Jahren«, sagte Elena und lachte. »Nicht nur bei Fotos, sondern auch bei Deiner Arbeit: Lass los! Vertraue dem Prozess. Sei in Deiner Energie, nicht in Deinem Anspruch.«

DER MOMENT DER ERKENNTNIS

Tom las später das Interview mit **Peter Pietsch** im ***Fairmittler***.-Magazin.

»WAS SICH ÜBERHAUPT SAGEN LÄSST,
LÄSST SICH KLAR SAGEN:
UND WOVON MAN NICHT REDEN KANN,
DARÜBER MUSS MAN SCHWEIGEN.«

- LUDWIG WITTGENSTEIN -

VERKAUFEN BEDEUTET, SITUATIONEN ZU SCHAFFEN, IN DENEN MENSCHEN GERNE KAUFEN - UND SICH DABEI WOHLFÜHLEN.
PETER PIETSCH
AGENTURLEITUNG
GENERALVERTRETUNG PIETSCH
RHEINBLICKSTR. 6 - 65187 WIESBADEN
MEHR INFOS:

PETER PIETSCH
- GENERALVERTRETUNG R+V WIESBADEN

Versicherungsberatung mit Haltung, Stil, Kultur, Kommunikation.

WER WIR SIND

Wir sind Experten für Versicherungen und Kommunikation. ***pietschversichert*** bedeutet Beratung ist Beziehung – individuelle Gespräche, individuelle Situationen und Personen. Menschen entscheiden sich für uns, weil sie sich sicher, verstanden und angenommen fühlen. Wir schaffen Situationen, in denen sie gern entscheiden. Mit unserer 40-jährigen Erfahrung gewinnen Menschen generationenübergreifend Klarheit, Kompetenz, Bedeutung und Sicherheit.

Ich teile meine Erfahrungen in einigen berufsethischen Ehrenämtern: viele Jahre als Präsident des *VEVK* (*Verein Ehrbare Versicherungskaufleute e. V.*), als Sprecher des Vorstands der *Generalagenten-Gemeinschaft* der *R+V*-Agenturen und als zweiter Vorsitzender des Arbeitskreises *Vertreter Vereinigungen der deutschen Assekuranz*. Darüber hinaus ist es mir eine Herzensangelegenheit, in verschiedenen Gremien des *BVK* (*Bundesverband der Versicherungskaufleute*) das Bild fairer Versicherungsvermittlung zukunftsfest mitgestalten zu dürfen.

UNSERE PRINZIPIEN

Drei Prinzipien sind unser Kompass:

1. **Resonanz:** Wirklich zuhören, verstehen, antworten.
2. **Kohärenz:** Stimmigkeit erzeugen und Lösungen in die Lebenswelt des Gesprächspartners einfügen. Was wir sagen, meinen wir. Was wir meinen, leben wir. Nur so wirken wir glaubwürdig. Nur so können wir Sicherheit vermitteln – gerade wenn die Beratung komplex wird.

3. **Integrität:** Wir handeln verbindlich nach moralischen und ethischen Werten, sind ehrlich, zuverlässig und menschlich.

ZEIT IST UNSERE WÄHRUNG

Wir investieren Zeit, wir hören zu. Wir entschleunigen. Wir arbeiten aus. Mit uns gewinnen Menschen Klarheit und Entscheidungskompetenz, das schafft Vertrauen.

BERATUNG = BEZIEHUNG

Versicherungen sind asymmetrische Produkte. Versicherer gestalten sie, sind Experten des Rechtssystems. Und Kunden kaufen sie, ohne die genauen Konsequenzen zu kennen. Wir sind die ausgleichende Kraft. Wir fairmitteln – das ist unsere Superkraft für unsere Kunden. Auch bei Schäden in einer Höhe von mehreren Millionen Euro bleiben wir während der Regulierung an der Seite unserer Kunden und unterstützen sie.

Wir setzen auf Beziehungspflege statt Verkaufsdruck. Innen- und Außendienst arbeiten bei uns als Einheit mit einer Kultur, die wirkt.

GEMEINSCHAFT UND GENOSSENSCHAFTSGEIST

- Wir denken vom Ich zum Wir.
- Einer für alle, alle für einen.
- Wir fairbinden Generationen, Innen- und Außendienst und fairmitteln Kundeninteressen.
- Beratung ist bei uns kein Konsum, sondern Co-Kreation.

PERSPEKTIVWECHSEL UND METAEBENE

Wir trainieren Perspektivwechsel: »Ob Du eine 6 oder 9 siehst, hängt davon ab, wo Du stehst.« Nur so fairstehen wir unsere Kunden wirklich, statt sie nur zu überzeugen.

Fachlichkeit + Ethik = Wirkung

Wir kombinieren Fachkompetenz mit Wahrhaftigkeit und Transparenz. So wird Wissen zu Vertrauen.

KOMMUNIKATION IST MEHR ALS WORTE

Wir wissen: Wirkungsvolle Kommunikation ist viel mehr als das Gesagte. Haltung, Körpersprache, Stimmlage und innere Überzeugung haben eine deutlich größere Wirkung als der Inhalt, wie Studien belegen:

55 Prozent Wirkung – Körpersprache

38 Prozent Wirkung – Stimmlage

7 Prozent Wirkung – Inhalt[15]

UNSERE LEITFRAGEN

1. Dient das, was ich tue, dem Ziel, dass ein Kunde uns seine Versicherungen anvertraut?
2. Dient das, was ich tue, dem Ziel, dass unser Gesprächspartner uns zu jeder Zeit weiterempfehlen wird?
3. Ist unser Tun nachhaltig und fair und sorgt für Wachstum?

UNSER USP

- Tiefe Fachlichkeit + echte Menschlichkeit
- Reduktion von Komplexität
- Beratung auf Augenhöhe ohne Druck
- Beziehung statt bloßem Verkaufsabschluss
- Kommunikation mit Klarheit, Resonanz und Sinn

[15] Mehrabian, A./Ferris, S. R. (1967): »Inference of attitudes from nonverbal communication in two channels«. Journal of counceling psychology.

- Wir beraten und begleiten unsere Kunden – insbesondere auch in Schadenfällen über die ganze Dauer unserer Zusammenarbeit
- Vertrauen ist die Basis der Beziehung mit unseren Kunden

FAZIT: FAIRTRAUEN STATT TAKTIK

**»NUR, WENN DU SORGSAM MIT DIR UMGEHST,
KANNST DU AUCH SORGSAM MIT ANDEREN UMGEHEN.«**

- PETER PIETSCH -

Wir glauben nicht an geheime Verkaufstricks. Wir glauben an Haltung, ehrliche Kommunikation und Fairantwortung und achten auf Stil und einen fairen Umgang miteinander. Wenn die Beziehung echt ist, ist der Abschluss eine natürliche Folge.

»Verkaufen ist keine Rolle. Es ist Beziehung. Es ist Haltung. Es ist Verantwortung für Menschen, die uns ihr Vertrauen schenken.«[16]

PETER PIETSCH

[16] Interview vom 24.04.2025 – Interviewer Christian Seeger

NACHKLANG DES INTERVIEWS

Und dann passierte es. Dieser Satz traf ihn wie ein Lichtstrahl ins Herz:

»Verkaufen ist keine Rolle. Es ist Beziehung. Es ist Haltung. Und es ist Verantwortung für Menschen, die uns ihr Vertrauen schenken.«

Tom war wie erstarrt. Gleichzeitig lief ihm eine warme Träne über die Wange. Er hatte es endlich begriffen. Nicht mit dem Verstand, sondern mit dem Herzen.

DIE UNSICHTBAREN REGELN ECHTER BERATUNG

In dem Moment wurde ihm bewusst: Er hatte Haltung lange mit Rolle verwechselt. Glaubte, er müsse sich *hineinfühlen*, um zu wirken. Doch jetzt fairstand er: Wirkung kommt nicht durch Technik. Sie kommt durch Wahrheit.

Durch das Interview hat Tom erkannt, dass er sich bislang zu sehr auf den Inhalt konzentriert hat, obwohl dieser nur 7 Prozent der Wirkung ausmacht, während Körpersprache mit 55 Prozent und Stimme sowie Tonfall mit 38 Prozent deutlich entscheidender sind.

Und dennoch hatte er sich jahrelang auf die sieben Prozent konzentriert. Er hatte *beraten*, aber nicht *berührt*. Er hatte *gesagt*, aber nicht *gezeigt*. Er hatte *gewollt*, aber nicht *losgelassen*.

Die Wissenschaft dahinter

Tom erkannte, was gerade passiert war und was oft passiert, wenn Gespräche kippen. Es war nicht einfach Pech. Es war Psychologie. Und zwar ganz leise. Er erinnerte sich an fünf Dinge, die ihm plötzlich glasklar wurden.

1. Wer Ablehnung erwartet, bekommt sie oft auch. Nicht, weil der Kunde sie will, sondern weil man sie unbewusst ausstrahlt.
2. Wer sich selbst oder die Kunden falsch einschätzt, hört nur das, was ins eigene Bild passt. Alles andere rauscht vorbei. So geht Offenheit verloren, bevor sie überhaupt entstehen kann.
3. Die Körpersprache. Der Ton. Die kleinen Signale. Sie können manchmal das Gegenteil von dem aussagen, was man sagen will – und der andere spürt es sofort.
4. Wenn Menschen sich nicht sicher fühlen, treffen sie keine Entscheidungen. Dann schützen sie sich. Mit Rückzug. Mit Ausweichen. Mit Schweigen.
5. Haltung ist ansteckend. Wer Druck macht, bekommt Gegendruck. Wer Ruhe ausstrahlt, schenkt Vertrauen.

Der wahre Wandel: Lassen statt Drücken

Tom erinnerte sich an die Worte seines Vaters: »Wenn Dir der Verkäufer zu viel erzählt – brauchst Du den Schuh wahrscheinlich nicht.« Jetzt fairstand er. Nicht, weil Reden schlecht ist. Sondern weil Zuviel oft Zweifel sät.

DAS NEUE SELBSTFAIRSTÄNDNIS

Später, in einem Kundengespräch, sagte Tom: »Ich bin kein Verkäufer. Ich bin ein Ermöglicher. Und der Kunde entscheidet, ob er bereit ist, sich abzusichern, bevor es passiert.«

Tom schrieb in sein Fairtriebstagebuch: *Druck erzeugt Gegendruck. Fairtrauen entsteht im Moment der Stille. Loslassen ist kein Rückzug, sondern Respekt. Gute Beratung ermöglicht etwas, sie überredet nicht. Wu-Wei – kein Zauberwort. Die Kunst, da zu sein. Im Gespräch. Im Blick. In der Fairbindung.*

Und so wurde aus einem Fototermin und einem Interview … eine Lektion fürs Leben. Und eine neue Definition von Haltung: Haltung – nicht das, was sichtbar ist, sondern das, was bleibt. Stille. Präsenz. Vertrauen. Und beim Kunden das Gefühl: Hier, genau hier, bin ich richtig.

Du als Vermittler musst **nicht den Abschluss erzwingen**, sondern:

- informieren,
- aufklären,
- begleiten – und dann loslassen.

Denn:

- Es ist nicht Dein Geld.
- Es ist nicht Dein Risiko.
- Es ist nicht Dein Leben.

Die Entscheidung liegt beim Kunden – und das darf sie auch. **Respekt entsteht, wenn wir diesen Raum lassen.**

Wann ist Loslassen sinnvoll? – Der gesunde Punkt

- Wenn Du in Deinem Einflussbereich alles gegeben hast: Wissen, Zeit, Empathie, Klarheit.
- Wenn Du spürst, dass weiterer Druck zu Gegendruck führt.
- Wenn Du Verantwortung nicht übernimmst, die nicht Deine ist.

Was Loslassen möglich macht

- Freiraum für Vertrauen
- Authentizität statt Manipulation
- Kundenbeziehung auf Augenhöhe
- Energie für die richtigen Themen – statt Kampf gegen Widerstand

Loslassen ist nicht Desinteresse. Es ist das größte Zeichen von Respekt. Für den Menschen. Für den Prozess. Für sich selbst. Übertragen auf die Versicherungswelt heißt das: Die Beratung muss nicht gepusht werden, sondern darf Raum lassen. Der Vermittler wird nicht zum »Drücker«, sondern zum Begleiter in einem natürlichen Fluss. Fairtrauen wächst im Moment der Stille, da, wo Druck endet und echtes Zuhören beginnt.

Tom war bereit. Bereit für den neuen Weg. Bereit für ein vollkommen neues Leben. Bereit für eine spannende Reise gemeinsam mit seinen Kunden …

JETZT BIST DU DRAN

HALTE DEINE GEDANKEN FEST. SIE SIND WERTVOLL.

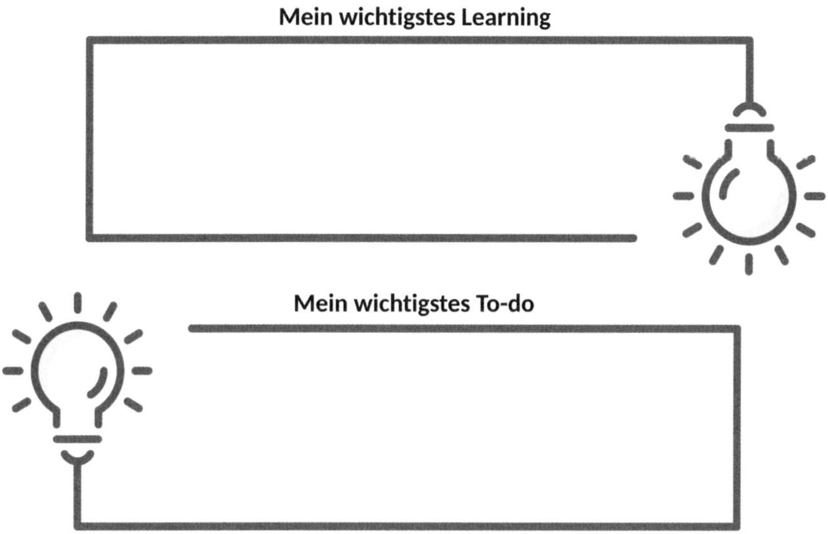

KAPITEL 11
DIE FAIREINIGUNG

TOMS TRANSFORMATION: VOM ZWEIFLER ZUM VISIONÄR

Rückblickend saß Tom heute an seinem Schreibtisch, sein Fairtriebstagebuch aufgeschlagen. Darin las er noch mals die wichtigsten Sätze – aus tiefer Dankbarkeit und Demut:

- ✔ Erst wenn wir die Welt unseres Gegenübers, unseres Kunden, betreten und nicht nur unsere eigene erklären, entsteht echte Fairbindung.
- ✔ Nicht das Produkt ist entscheidend, sondern der Wert, den es im Leben des Kunden stiften kann.
- ✔ »Hör auf, Verkäufer sein zu wollen. Sprich Deine Sprache. Die, die in Dir ist. Die Du selbst verstehst. Und dann lernst Du, wie Dein Kunde spricht. Und erst dann entsteht Verbindung.« – Peter Pietsch
- ✔ Der Kunde will **Dich** hören, nicht Deinen Leitfaden.
- ✔ Top-Verkäufer nennt man Spitzenverkäufer, weil Du nur die Spitze siehst. Den Rest siehst Du nicht. Und Du weißt auch nicht, was sie dafür durchlitten haben.
- ✔ Geld ist die Konsequenz Deines Handelns, wenn Du Deinem inneren Antrieb folgst.
- ✔ Die Frage ist nicht: Wie verkaufe ich eine Versicherung? Die Frage ist: Wie führe ich ein Gespräch, das für beide einen Mehrwert bietet?
- ✔ Es ist noch kein Meister vom Himmel gefallen ... und wenn doch, hoffentlich war er unfallversichert! ;-)

- ✔ »Der Weise macht das Herz der Leute zu seinem Herzen.« – Laotse
- ✔ »Sie sehen sich in einem jeden und einen jeden in sich.« – Upanishaden
- ✔ »Mitmenschlichkeit bedeutet, dass wir einen Zugang zum anderen finden.« – I Ging
- ✔ »Wie könnte auch irgendjemand glücklich leben, der immer nur an sich denkt und alles seinem persönlichen Vorteil dienstbar zu machen sucht? Für einen anderen musst Du leben, wenn Du für Dich selbst leben willst.« – Seneca
- ✔ »Du kannst sein, wer immer Du willst. Nur bleibe dabei immer, wer Du bist.« – Christian Seeger
- ✔ Drücken tun beide – Vermittler und Kunde. Der Vermittler drückt sich entweder vor der Absprache oder drückt den Kunden in Richtung Abschluss. Und der Kunde drückt sich vor einer Entscheidung.
- ✔ Wenn der Kunde zögert, braucht er keinen Druck. Er braucht eine neue Perspektive auf das, was ihm wirklich wichtig ist.
- ✔ Wie bei der Leine zwischen Hund und Halter gibt es auch im Beratungsgespräch eine Fairbindung zwischen Fairmittler und Kunde. Je entspannter die Haltung, desto stärker das Fairtrauen. Und nur dann entsteht echte Zusammenarbeit – auf Augenhöhe.
- ✔ Wir müssen endlich aufhören mit diesem Druckgehabe, mit diesem »Du musst jetzt sofort abschließen, weil sonst …«
- ✔ »Nur wer beide Seiten (Fairbraucher und Fairmittler) kennt, kann wirklich verkaufen, ohne zu verkaufen.« – Christian Seeger
- ✔ Fairkauf entsteht nicht im Kopf, sondern im Fairstehen.
- ✔ Was wir trennen, bleibt fremd. Was wir verbinden, wird fairtraut.

- ✔ Beratung ist keine Technik. Beratung ist Beziehung.
- ✔ Wer richtig fragt, der führt, aber nur, wenn er richtig zuhört.
- ✔ Es geht nicht darum, ob das Produkt gut ist. Sondern darum, ob der Kunde es versteht. Und ob er spürt, dass es für ihn gemacht wurde.
- ✔ Wenn jemand kein Risiko spürt, liegt das nicht an Ignoranz, sondern an Wahrnehmung. Und Wahrnehmung kann Dich schärfen.
- ✔ Was ich innen denke, fühle und glaube, bestimmt, was außen sichtbar wird.
- ✔ Wenn wir Wirkung wollen, müssen wir die Ursache neu setzen. Wenn wir Fairtrauen wollen, müssen wir es zuerst geben.
- ✔ Wir tauschen, wir handeln, wir bieten an.
- ✔ Es ist nicht der Verkauf, der das Problem ist. Es ist die Absicht dahinter.
- ✔ Fairbindlichkeit beginnt nicht beim Kunden. Sie beginnt bei Dir. In Deiner Klarheit. In Deinem Wozu. In Deinem Stil.
- ✔ Was Kunden heute wirklich brauchen, ist kein Verkäufer. Sie brauchen jemanden, der den Wert ihrer Entscheidung sichtbar macht.

Danach schaute er aus dem Fenster und konnte kaum glauben, was er in den letzten Monaten geschafft hatte. Er dachte an die ersten Gespräche zurück. Holprig. Nervös. Oft zu schnell. Er wollte zu viel, tat aber zu wenig. Vor allem aber: Er hatte zu viel gedrückt. Er erinnerte sich an die Rückschläge, an die schlaflosen Nächte voller Zweifel, an Momente, in denen er fast aufgegeben hätte. Doch er war nicht stehen geblieben. Er hatte weitergemacht. Jeden Tag. Immer wieder.

Tom hatte gelernt, zu atmen. Zu hören. Zu spüren, wann Worte wirken und wann Stille mehr sagt als jedes Argument. Er hatte sich Fehler erlaubt, hatte sie genutzt, um besser zu werden. Er hatte mitgeschrieben, geplant, reflektiert – und vor allem: Er hatte gemacht. Immer wieder gemacht.

Heute lachte Tom über sein altes Ich, das dachte, Erfolg sei ein Glückstreffer. Heute wusste er: Erfolg ist eine Entscheidung. Und Haltung ist die Grundlage.

Und was dann kam, hätte er sich nie träumen lassen: Seine Kunden wurden zu Fans. Seine Kollegen zu Sparringspartnern. Er wurde endlich Agenturleiter und hatte ein eigenes Büro sowie ein persönliches Team. Und er selbst? Er wurde sichtbar. So sichtbar, dass er plötzlich eine Nachricht bekam:

»Tom, wir möchten Dich für das ***Fairmittler***.-Magazin interviewen. Du bist einer der erfolgreichsten Fairmittler Deines Unternehmens geworden.«

Tom atmete tief ein. Ein Lächeln breitete sich auf seinem Gesicht aus. Er dachte an Wu-Wei, an Loslassen, an Haltung, an Fleiß. Er dachte an all die Gespräche, die Tränen, die Aha-Momente. Er hatte es bis hierher geschafft. Nicht, weil er nie gefallen war, sondern weil er jedes Mal wieder aufgestanden ist. Mit mehr Klarheit. Mehr Herz. Mehr Haltung. **Und das war erst der Anfang.**

WENN AUS ZWEI WELTEN EINE BEWEGUNG ENTSTEHT

Lina atmete tief durch. Endlich. Ein paar Tage nur sie, ihr Hund Milo und die Stille, die sie so lange vermisst hatte. Die letzten Monate waren ein Kraftakt. Beruflich, privat – ein Spagat, der sie fast zerrissen hätte. Doch jetzt lag der Meisterkurs unterschrieben auf ihrem Schreibtisch. Ihre Versicherungen: sortiert, abgesichert, durchdacht. Alles hatte endlich Struktur. Nur sie selbst – sie brauchte noch ein paar Tage, um in sich wieder Ruhe zu finden.

Deshalb lud sie Alex zu sich ein. Ihr Ex-Freund, längst ein echter Freund, einer, der geblieben war, als andere gingen. Heute wollten sie einfach mal nur Freunde sein. Gemüse schnippeln, Dips anrühren, Brot brechen. Lachen. Loslassen.

In ihrer kleinen Küche lag das neue ***Fairmittler***.-Magazin achtlos auf dem Tisch. Alex griff danach, während Lina im Bad verschwand, um sich fertigzumachen. Er las sich das Interview durch. Dabei fiel ihm ein bekanntes Zitat ein, das eines der wichtigsten Geheimnisse für Toms beruflichen Erfolg offenbarte:

»NICHT DAS BEGINNEN WIRD BELOHNT,
SONDERN EINZIG UND ALLEIN DAS DURCHHALTEN.«
- KATHARINA VON SIENA -

> WAS KUNDEN HEUTE WIRKLICH BRAUCHEN, IST KEIN VERKÄUFER. SONDERN JEMAND, DER DEN WERT IHRER ENTSCHEIDUNG SICHTBAR MACHT.

TOM MAINKE

AGENTURLEITUNG PFEFFERMINZIA ASSEKURANZ

WICHTIGE INFO:
FIKTIVER CHARAKTER AUS DEM BUCH

TOM MAINKE
- PFEFFERMINZIA ASSEKURANZ

MEIN FAIRKAUFS-CODE: HALTUNG, PHILOSOPHIE UND FAIRWURZELUNG

Was ich heute fairstanden habe: Ein Fairmittler wächst wie ein Baum. Seine Wurzeln sind Haltung, Klarheit, Fairtrauen. Ein Baum, der keine Wurzeln hat, kippt beim ersten Sturm um. Ich habe mir meine Fairwurzelung aufgebaut – durch Reflexion, Coaching, Praxis. Ich wollte nie ein Verkäufer sein, der laut ruft, aber keinen Schatten spendet. Ich wollte jemand sein, bei dem Menschen Schutz finden – wie unter einer starken Eiche. Haltung formt Wirkung. Wirkung formt Fairtrauen. Fairtrauen ist das stärkste Leistungsfairsprechen.

STRATEGIE UND ARBEITSWEISE – FAIRSTEHEN KOMMT VOR FAIRKAUFEN

Früher habe ich geredet, überzeugt, überredet. Heute frage ich zuerst. Ich will den Menschen sehen, nicht nur die Police.

Mein Code:

- Fairstehen vor Verkaufen
- Beziehung vor Abschluss
- Klarheit statt Komplexität

Ich nutze Stille als Werkzeug. Ich lasse Entscheidungen wachsen. Wie ein Baum braucht auch eine Entscheidung Zeit, Licht, Raum.

Beratung und Kundenbeziehung – *Respekt statt Druck*

Ich drücke nicht. Ich ziehe nicht. Ich gebe. Ich informiere. Ich ermögliche. Mein Prinzip: Ich bin nicht der Drücker – ich bin der Begleiter. Jeder Kunde hat seinen Rhythmus. Meine Aufgabe ist es, diesen Rhythmus zu spüren. Die Entscheidung liegt nicht bei mir, sie liegt beim Kunden. Dafür schaffe ich Fairtrauen, Respekt, Augenhöhe.

Kommunikation – Die unsichtbare Wirkung

Ich habe gelernt: 7 Prozent Inhalt, 38 Prozent Stimme, 55 Prozent Körpersprache (Quelle: Mehrabian/Ferris). Deshalb achte ich auf meine Haltung, meine Stimme, meine Gesten. Ich lasse meine Energie sprechen, nicht nur meine Worte. Kommunikation ist nicht, was gesagt wird, sondern was beim anderen ankommt.

Fairwurzelung – Wachsen in vier Schritten

Meine Fairwurzelung hat vier Quellen:

1. **Erfolgserlebnisse:** Ich bin gescheitert. Ich bin wieder aufgestanden. Ich habe beendet, was ich angefangen habe.
2. **Vorbilder und Mentoren:** andere Fairmittler, Coaches und Trainer. Sie haben mir gezeigt: Jeder kann wachsen.
3. **Urfairtrauen:** Glaube durch Worte: Meine Coaches und Mentoren haben mir gesagt: »Du kannst das.»Und irgendwann habe ich es selbst geglaubt.
4. **Innere Haltung:** Ich habe meine Nervosität nicht mehr bekämpft. Ich habe sie genutzt – als Energie, nicht als Angst.

WISSEN IST PFLICHT – MEISTERSCHAFT DURCH LERNEN

Ich habe in mich investiert. In das Buch *Die Anti-Versicherungsfuzzi-Formel*. Das hat mir den finalen Feinschliff gegeben. Was ich dort gelernt habe, war mehr als nur Methodik. Das Buch hat mir gezeigt, wie ich meine Haltung schärfe, meinen inneren Kompass klar ausrichte und ein Kundengespräch so führe, dass es nicht nach Verkauf riecht, sondern nach Beziehung, Fairtrauen, Wert.

Ich habe gelernt: Ein Baum wächst nicht über Nacht. Er wächst, weil er gut gepflegt wird. Ich pflege mein Wissen. Ich pflege meine Haltung. Deshalb bin ich heute dort, wo ich bin: Ich wurde für dieses Magazin interviewt, weil ich zu den erfolgreichsten Fairmittlern meines Unternehmens gehöre. Nicht, weil ich perfekt bin, sondern weil ich weiß: Fairwurzelung schlägt jeden Sturm.

Der Dreiklang der Fairkaufskommunikation

Viele Vermittler denken immer in riesigen Schritten: Wie binde ich Kunden? Wie verkaufe ich mehr? Wie baue ich Vertrauen auf? Dabei übersehen sie oft, dass es gar nicht die großen Techniken sind, sondern die einfachen, klaren Rahmen, die den Unterschied machen. Dieses System habe ich von Christian Seeger gelernt.

Ein einfaches Instrument für Fairtrauen, Fairbindlichkeit und gemeinsame Lösungen

Im Zentrum echter Beratungsqualität steht eine saubere Struktur: Nicht Technik, nicht Verkaufsdruck, sondern wertschätzende Orientierung für beide Seiten. Dafür gibt es im Fairkaufsgespräch einen elementaren Leitfaden: den Dreiklang. Dieser Dreiklang wird am Anfang und am Ende jedes Gesprächs bewusst eingesetzt.

1. **Am Gesprächsbeginn: Fairtrauen schaffen**

   a) Wertschätzung zeigen – von Anfang an

   - Den Kunden immer persönlich und respektvoll empfangen – unabhängig davon, ob er von sich aus kommt oder weil ich ihn eingeladen habe.
   - Aufstehen, Hand geben, Blickkontakt. Den Kunden ankommen lassen oder selbst erst einmal beim Kunden ankommen. Der Mensch steht im Mittelpunkt, nicht das Produkt.

   b) Zeitrahmen klären

   - »Wie viel Zeit haben Sie heute für unser Gespräch?«
   - Verbindlichkeit schaffen und dem Kunden ermöglichen, sich auf das Gespräch einzulassen.

c) Gemeinsame Erwartungen abstimmen

- Den Kunden fragen: »Was ist Ihnen für unser Gespräch heute besonders wichtig?« Oder andersherum gefragt: »Was darf gar nicht passieren?«
- Eigene Erwartungen formulieren: »Mir wäre es wichtig, heute zusätzlich das folgende Thema anzusprechen. Ist das für Sie in Ordnung?«
- Immer das Okay des Kunden aktiv einholen.

2. **Während des Gesprächs: Struktur geben**

- Den Kunden führen, aber nicht drängen.
- Gesprächsbeginn klären – ohne Druck. Wenn unklar ist, was am Anfang steht, kurz und offen fragen: »Womit möchten Sie starten?« Das schafft Orientierung und gibt dem Kunden Raum.
- Immer auf Augenhöhe kommunizieren.
- Wahrhaftiges Interesse am Menschen, nicht am Abschluss.
- Themen, für die die Zeit nicht reicht, klar priorisieren und ggf. nachterminieren.

3. **Am Gesprächsende: Fairtrauen festigen**

a) Wertschätzung erneut ausdrücken

- »Vielen Dank für Ihre Zeit und Ihr Fairtrauen.«

b) Fairbindlichkeit spiegeln

- »Wir hatten uns vorgenommen, heute XY zu klären – wir haben die Zeit gut genutzt.«

c) Feedback einholen und Ausblick

- »Wie zufrieden waren Sie mit unserem Gespräch auf einer Skala von 1 (schlecht) bis 10 (exzellent)?«
- Ehrliches Feedback ermöglicht Weiterentwicklung und signalisiert dem Kunden echte Partnerschaft.

- »Was fehlt Ihnen noch für eine gute Entscheidung?« (Indirekte Abschlussfrage)
- »Wie geht es jetzt, bezogen auf Ihre Entscheidung, weiter?«
- Wenn der Kunde noch Bedenkzeit will: Zeige Fairständnis, aber bleib dran. Vereinbare sofort einen konkreten Folgetermin, der möglichst innerhalb von sieben bis zehn Tagen liegt.

d) Weiterempfehlung sanft ansprechen

- Bei guter Bewertung: »Wenn Sie möchten, freue ich mich sehr, wenn Sie Ihre Erfahrung z. B. als *Google*-Rezension teilen oder mich weiterempfehlen.«
- Dem Kunden kleine konkrete Wege aufzeigen.

e) Ausblick geben

- »Damit Sie immer auf dem Laufenden bleiben und wir etwaige neue Risiken oder Chancen frühzeitig erkennen, melde ich mich spätestens in einem Jahr oder – wenn Sie wünschen – auch nach Bedarf.«
- Fairbindliche Wiedervorlage setzen – Fairlässlichkeit statt Zufallskontakte!

Warum dieser Dreiklang so kraftvoll ist

Für den Fairmittler:

- Klare Gesprächsstruktur
- Reduktion von Gesprächsstress
- Verbesserung der Abschlussquote
- Aufbau einer langfristigen Kundenbindung

Für den Kunden:

- Gefühl der Sicherheit und Kontrolle
- Echte Wertschätzung

- Transparenz im Gesprächsablauf
- Basis für fairtrauensvolle Entscheidungen

Dieser Dreiklang hat mich dazu gezwungen, meine Haltung zu schärfen. Es geht nicht darum, den Kunden in die Enge zu treiben. Es geht darum, ihm zu zeigen: Ich bin verbindlich, und Du darfst es auch sein. Das hat nicht nur meine Abschlüsse messbar gesteigert, sondern vor allem mein Vertrauen in mich selbst. Selbstüberwindung fängt genau hier an. Eine Frage mehr stellen. Einen Rahmen mehr setzen. Und dann dranbleiben.

Toms Fazit – Der FAIRKAUFS-CODE

- Fairkauf ist Beziehung, nicht Bedrängnis.
- Fragen ist wichtiger als Reden.
- Stille ist kein Risiko, sondern ein Geschenk.
- Druck erzeugt Gegendruck. Vertrauen lässt kaufen.
- Ich informiere. Du entscheidest.
- Ich bin kein Verkäufer. Ich bin Fairmittler.
- Meine Wurzeln sind stark. Mein Schatten schützt.

»Ein Baum wächst nach innen und nach außen. So wachse ich auch. Und so wächst Fairtrauen. Das ist mein FAIRKAUFS-CODE.«

Die richtige Haltung ist eine Fairpflichtung für langfristigen Erfolg.

Wir stehen für den Mut zur Klarheit, den Mut zur Entscheidung und für die Kraft des Dranbleibens.[17]

TOM MAINKE

[17] Fiktives Interview

»Irgendwoher kenne ich den Kerl. Den Namen. Das Gesicht.« Alex' Stimme hallte in die Stille.

»Wen meinst Du?«, rief Lina, während sie ihre Haare zum Zopf band. Doch da rief Alex schon: »Den auf dem Titelbild! Den Tom! Das ist der, der mir damals diese Hundeversicherung empfohlen hatte. Erinnerst Du Dich?«

Mit einem Schlag blieb Lina der Atem weg. Sie stand wie angewurzelt im Türrahmen. »Alex ... was hast Du gerade gesagt?« Ihre Stimme war nur ein Flüstern.

»Na, dieser Tom. Ohne den wäre Milo doch gar nicht abgesichert gewesen, als er krank wurde ...«

Lina spürte, wie ihre Beine weich wurden. Ein Zittern zog durch ihren ganzen Körper. Tränen schossen ihr in die Augen, ungebremst. Sie setzte sich auf die Stuhlkante, den Blick auf das Magazin geheftet, als könnte sie durch Papier hindurch die Zeit begreifen. »Er ... hat ... uns gerettet«, stammelte sie. »Er hat ... mich gerettet.« Mit zitternden Fingern griff sie nach ihrem Handy und fand die Kontaktdaten von Tom im Internet. Während sie noch tippte, spürte sie den Schweiß an ihren Handflächen. Der Herzschlag hämmerte. Ein Freizeittag wurde zum Schlüsselmoment ihres Lebens. **Ein Freizeittag – ein einziger Anruf – eine Geschichte, die alles fairänderte.**

»Tom Mainke, guten Tag.« Eine ruhige Stimme, die ihre Aufregung sofort spiegelte.

»Hallo Tom, mein Name ist Lina Grünwald. Du kennst mich nicht, aber ... darf ich Du sagen?«

»Natürlich, Lina. Immer doch.«

Und Lina erzählte. Von Milo. Von Nächten voller Sorgen. Von Rechnungen, die sie nicht hätte zahlen können. Von der Angst, alles zu verlieren, und von der Erleichterung, als sie von dieser Versicherung erfuhr, die sie gerettet hatte – Tom hatte sie ihm einst empfohlen. Nicht ihr, sondern Alex. Und doch – am Ende war sie es. Während sie sprach, weinte Lina. Und Tom? Tom schwieg. Er lauschte. Er spürte dieses große, warme Gefühl, das er so oft predigte, aber nie erwarten durfte: Dankbarkeit, die von Herzen kam.

»Weißt Du, Lina«, sagte er leise, als sie fertig war. »Alex hat mich damals schon angerufen. Sein Dankeschön hat mein Leben verändert. Nach diesem Anruf habe ich beschlossen, so zu arbeiten, wie ich es heute tue. Diese Haltung, dieses Magazin. All das hat damals seinen Anfang genommen.«

Einen Moment lang schwiegen sie beide. Zwei Menschen, zwei Telefone – eine unsichtbare Brücke, gebaut von einem Hund, der nie wusste, was er alles zusammenhielt.

»Tom ...«, flüsterte Lina. »Du hast meine Sicht auf Versicherungen geändert. Auf Euch. Auf alles. Du hast bewiesen, dass Fairness mehr ist als ein Wort.«

Tom lächelte. Und plötzlich war es da – dieses leise, kraftvolle Gefühl, dass aus zwei Welten eine Bewegung werden kann. »Lina, lass uns treffen«, sagte er schließlich. »Nicht als Berater und Kundin. Sondern als Menschen, die wissen, dass man gemeinsam mehr bewirken kann. Milo hat uns fairbunden. Jetzt lass uns sehen, was wir aus dieser Geschichte machen können.«

Lina lachte durch ihre Tränen. Draußen bellte Milo, als wüsste er längst, dass er gerade zwei Leben fairänderte. Und so begann etwas Neues. Zwei Welten. Ein Gedanke. Und die Bewegung? Sie hatte gerade erst begonnen.

ZURÜCK IN DER GEGENWART - IM CAFÉ

Tom und Lina sind sich einig: Was für eine außergewöhnliche Reise und Begegnung das gewesen war! Seit Linas erster Kontaktaufnahme mit Tom per Telefon war so viel passiert. Sie hatten unglaublich wertvolle Ideen entwickelt, neue Erfahrungen gesammelt, unterschiedliche Perspektiven kennengelernt, echtes Fairtrauen aufgebaut, intensive Gespräche geführt, positives Kundenfeedback erhalten, große Aufmerksamkeit in den Medien erregt und vieles mehr.

Keiner von beiden hätte je im Traum daran gedacht, dass sie einmal wichtige Botschafter in der Kunden-Berater-Beziehung für die Versicherungsbranche sein würden. Niemand hätte geglaubt, dass es möglich ist, aus Kunden Fairbraucher und aus Beratern Fairmittler zu machen. Und niemand hätte sich träumen lassen, dass die Fairmittler-Bewegung ein solcher Erfolg werden könnte.

»Erinnerst Du Dich noch an unsere Kernfragen, Lina?«, fragt Tom. »Meinst Du die folgenden?«

Geht **fairSICHERN** überhaupt?

Geht **fairKAUFEN** überhaupt?

»Ja«, sagt Tom. »Ich glaube, wir können das mit unserem gemeinsam entwickelten *FAIRKAUFT.*-Manifest beantworten. Wir werden es morgen auf dem *Fairmittler*-Kongress vorstellen. Im Rahmen unseres neuen Magazins ***FAIRSICHERT.***[18] Dem Magazin rund um echte Existenzsicherung – für **Fairmittler** und Fairbraucher.«

Tom hält das neue Magazin mit einem Lächeln auf seinen Lippen in der Hand.

---

[18] Fiktives Magazin

»Darauf kannst Du stolz sein. Dass Du damals auf die brillante Idee gekommen bist, ein Magazin zu gestalten, das sowohl den Fairmittler als auch den Fairbraucher ansprechen soll, war genial. Und dass wir so unser *FAIRKAUFT.*-Manifest allen Interessierten zugänglich machen können, ist der absolute Hammer.« Lina liest daraus vor:

DAS FAIRKAUFT.-MANIFEST

Die neue Haltung für Fairmittler, Fairbraucher und die Branche

Wir sind alle Kunden. Punkt. Jeder möchte fair behandelt werden. Hier, jetzt und für die Zukunft aller Beteiligten.

Die Essenz: Ein Kompass für alle

FAIRKAUFT. ist keine Methode. Es ist Haltung. Fairantwortung. Beziehung. Es ist der Moment, in dem aus Angst Fairtrauen wird – aus Druck Entscheidungskraft. Es ist die Bewegung, die zwei Welten verbindet: Fairmittler und Fairbraucher. Und die Versicherungsbranche bekommt damit endlich, was sie lange verloren hatte: Menschlichkeit als Kern.

DIE GRUNDREGELN – FÜR ALLE

Haltung bedeutet:

- ✔ Du stehst zu dem, was Du tust – auch wenn keiner zusieht.
- ✔ Du handelst bewusst, klar und aufrichtig – Du TUST, statt nur zu reden.
- ✔ Du bleibst Dir treu – im Interesse der Sache, nicht aus Bequemlichkeit.
- ✔ Du wirkst – nicht nur mit Fachwissen, sondern mit Herz und Überzeugung.

Wertschätzung bedeutet:

- ✔ Du siehst den Menschen – nicht nur Deinen Umsatz.
- ✔ Du siehst das Gespräch – nicht nur den Abschluss.
- ✔ Du begegnest auf Augenhöhe – ohne Urteil, ohne Druck.
- ✔ Du bist da – verlässlich, menschlich, fair.

DIE KERNBOTSCHAFT

Mensch vor Produkt. Haltung vor Technik. Beziehung vor Quote. So entsteht Fairtrauen – die einzige Währung, die bleibt.

DIE KETTENREAKTION

Haltung → Fokus → Handlung → Wirkung
→ Ergebnis → Fairtrauen → Erfolg

Wer so denkt, fairändert: sich selbst, andere, die Branche.

DIE MACHT DER FAIRWURZELUNG

Wie ein Baum: **Tiefe Wurzeln = starke Früchte**. Ein Fairmittler wächst in seiner Haltung, Kompetenz, Methodik und Fairantwortung. Ein Fairbraucher wächst in seiner Entscheidungsfähigkeit, Klarheit und Selbstachtung.

TOP-TO-DOS FÜR FAIRMITTLER

- ✔ Beratung neu denken: Vom Verkäufer zum Rahmengeber. Aus Sicht des Kunden mit der Kundenbrille.
- ✔ Nicht drängen – befähigen.
- ✔ Qualität vor Quote.
- ✔ Klarheit schaffen, Komplexität reduzieren.
- ✔ Immer zuhören, fragen, dokumentieren.

- ✔ Unsichtbares sichtbar und greifbar machen: Sicherheit ist ein Gefühl, kein Papier.
- ✔ Stille aushalten. Fairtrauen wächst in Ruhe.
- ✔ Fairantwortung tragen – auch ohne Publikum.
- ✔ Weiterbildung, Selbstführung und Resilienz nie vernachlässigen.
- ✔ Fairbinde KI mit MI.
- ✔ Seid stolz auf Euren Beruf – Fairkaufen heißt, Sicherheit schenken.

TOP TO-DOS FÜR FAIRBRAUCHER

- ✔ Fragen stellen, bis Du fairstehst.
- ✔ Nicht aus Angst entscheiden, sondern aus Klarheit.
- ✔ Erkenne den Wert, nicht nur den Preis.
- ✔ Vertraue, wo Vertrauen verdient ist – nicht blind.
- ✔ Entscheide bewusst – und stehe zu Deiner Entscheidung.
- ✔ Versicherungen sind kein Ballast, sie sind Freiheit.
- ✔ Dein Fairmittler ist Dein Partner, kein Verkäufer.
- ✔ Gebrauche Deinen gesunden Menschenverstand für Entscheidungen und höre auf Dein Bauchgefühl.
- ✔ Lass Zeit für gute Gespräche.
- ✔ Schiebe nichts auf. Fairantwortung gibt Sicherheit.
- ✔ Bleib offen. Wertschätze, wer Dich wertschätzt.

TOP-TO-DOS FÜR DIE BRANCHE

- ✔ Menschen ins Zentrum – nicht nur Leads oder Quoten, sondern Lebensgeschichten.
- ✔ Ausbildung modernisieren: weniger Paragrafen, mehr Menschenkenntnis.
- ✔ Quereinsteiger echt begleiten: Mentoring, Praxis, Haltung.

- ✔ Stoppe falsche finanzielle Versprechungen und sei transparent rund um die fairtraglichen Rahmenbedingungen.
- ✔ Locke nicht nur mit Geld, sondern biete den Bewerbern langfristige Perspektiven mit Sinn und Entwicklungsmöglichkeiten.
- ✔ Setze die Menschen mit ihren Stärken ein und höre auf, sie in irgendwelche Rollen zu pressen, nur um Unternehmensziele zu erreichen.
- ✔ Bewerber benötigen tiefere Einblicke in die Aufgaben eines Versicherungsberaters, um die richtige Entscheidung zu treffen und sich vor ungünstigen Überraschungen zu schützen.
- ✔ Verkaufsdruck raus, Qualität rein.
- ✔ Kooperation fördern, Konkurrenzdenken aufbrechen.
- ✔ Coaching und Persönlichkeitsentwicklung fairpflichtend machen.
- ✔ Fairständlich beraten – Fachchinesisch raus, Klartext rein.
- ✔ Haltung leben, vom Vorstand bis zum Berater.
- ✔ Erfolge an Fairtrauen und Wirkung messen – nicht nur an Zahlen, sondern auch an Qualität.

ERWEITERUNG: TO-DOS FÜR ARBEITGEBER

Mitarbeiterbindung – die oft vergessene Säule

Am Ende, wenn wir über **Beziehung** sprechen, denken wir in dieser Branche fast immer nur an eins: *Wie gewinne ich Kunden? Wie halte ich Kunden? Wie stärke ich ihre Bindung?* Doch was viele vergessen: Du kannst keine echte, stabile Kundenbeziehung aufbauen, wenn Du nicht zuerst Deine eigenen Leute an Dich bindest.

Ein Fairmittler weiß: **Deine Mitarbeiter sind Deine erste Beziehung.** Sie sind Deine Botschafter. Dein Spiegel. Dein Multiplikator.

Sie tragen Deine Haltung weiter. Sie prägen Deine Marke – jeden Tag, in jedem Kundengespräch, am Telefon, im Schriftverkehr, vor Ort. Wenn Du sie verlierst, verlierst Du am Ende auch Deine Kundenbindung.

Wie Du Mitarbeiter fair an Dich bindest

- **Gib ihnen eine berufliche Heimat.**
  Nicht nur einen Schreibtisch, sondern ein Gefühl von Sicherheit, Zugehörigkeit, Sinn.
- **Lebe Vorbildfunktion.**
  Haltung beginnt oben. Menschen bleiben, wenn sie spüren: *Mein Chef steht für das, was er sagt.*
- **Baue Systeme & Standards.**
  Kein Chaos. Klare Prozesse, ein sauberes Onboarding, transparente Rollen. Jeder weiß, wofür er da ist – und wie er wirken darf.
- **Höre wirklich zu.**
  Habe ein offenes Ohr. Kein Floskelbüro. Ehrliches Zuhören. Fragen stellen. Auf Augenhöhe da sein.
- **Kümmere dich.**
  Nicht nur um Umsatz, sondern um Entwicklung, um Menschen, um ihre Stärken. Fördere Spezialisierung, erlaube Wachstum. Fordere, aber überfordere nicht.
- **Sei geduldig.**
  Große Menschen brauchen Zeit, um zu wachsen. Gib Raum für Fehler und für Erfolge.
- **Vergüte fair.**
  Fairdienst für faire Arbeit. Wer ausbeutet, verliert, wer teilt, gewinnt.

Mitarbeiterbindung = Kundenbindung

Jeder Mitarbeiter, der bleibt, spart Dir Energie. Jeder Mitarbeiter, der geht, kostet doppelt: Zeit, Geld, Nerven und Vertrauen. Ohne ein starkes Team kannst Du keine starke Kundenbindung aufbauen. Wenn Deine Mitarbeiter sich zu Hause fühlen, entsteht eine Energie, die beim Kunden ankommt. Jeder zufriedene Mitarbeiter ist ein Multiplikator für Kundenzufriedenheit.

Also: Schau nicht nur nach draußen, schau nach drinnen.

Bevor Du neue Kunden suchst, stärke Deine Crew. Bevor Du Dein Produkt anpreist, baue Deine Kultur. Bevor Du über Kundenbindung sprichst, sorge für Mitarbeiterbindung. Denn eine Agentur ist kein Ein-Mann-Betrieb. Sie ist ein lebendiges Netzwerk aus Menschen und jeder einzelne davon zählt.

Fazit für Dich, Fairmittler: Mitarbeiterbindung ist kein Beiwerk. Es ist Deine Basis. Deine Heimat. Dein Fundament für Wachstum, von innen nach außen.

Kundenbindung beginnt bei Dir – und bei den Menschen, die mit Dir wirken. Halte sie. Fördere sie. Fairtraue ihnen. Wachse mit ihnen. So wird aus Beziehung ein echtes Zuhause und aus Deinem Büro eine faire, starke Marke.

WAS AM ENDE ZÄHLT

Ein faires Gespräch + eine klare Entscheidung = Fairtrauen
Fairtrauen = Sicherheit = Freiheit

Ein letzter Appell an die ganze Branche – an Arbeitgeber, Bewerber, Angestellte, Agenturleiter, Geschäftsstellenleiter, Vertriebsmitarbeiter, einfach an alle, die für *FAIRKAUFT.* stehen wollen: Wenn wir dieses Prinzip wirklich leben wollen, dann müssen wir anfangen, Menschen fairnünftig zu bezahlen – fair im Verdienst, fair in der Haltung, fair in der Wirkung.

Verkaufen ist nichts Schlechtes. Verkaufen schafft Sicherheit, Möglichkeiten und Einkommen. Aber Verkaufen darf nie nur heißen: Verträge um jeden Preis. Fairkaufen heißt: beraten, begleiten, absichern. Das geht nur, wenn der, der verkauft, auch selbst sicher ist.

Druck erzeugt Gegendruck – nicht Qualität. Wer in Angst um seine Brötchen verkauft, verkauft nie frei. Er verkauft aus Mangel, nicht aus Haltung. Deshalb muss sich das System verändern: Ein guter Berater verdient ein faires Fundament. Ein Einkommen, das trägt, auch ohne Verkaufsdruck. Und er darf durch Leistung, Qualität und echten Mehrwert wachsen und nicht durch Quantität um jeden Preis. FAIRDIENST heißt: fairnünftig. Fairnünftig beraten. Fairnünftig bezahlt werden. Fairnünftig wirken.

Wenn wir wollen, dass unsere Branche Fairtrauen zurückgewinnt, muss jeder in diesem System seinen Beitrag leisten. Arbeitgeber, die fair bezahlen. Vermittler, die fair beraten. Kunden, die fair investieren – in gute Arbeit, gute Absicherung, gute Beziehungen. Nur dann wird *FAIRKAUFT.* Wirklichkeit. Nur dann gewinnen am Ende alle.

FAZIT

Für Fairmittler: »Ich will nicht der Beste sein, der verkauft, sondern der Beste, der FAIRKAUFT.«

Für Fairbraucher: »Absicherung ist kein Verkaufstrick. Sie ist ein Geschenk an Dich selbst.«

Für die Branche: »Jetzt ist die Zeit. Jetzt ist der Punkt. Jetzt beginnt echte Fairantwortung.«

Nicht warten – handeln und wirken. Nicht reden – zuhören und fragen. Nicht überreden – begleiten und befähigen.

Den individuellen Wert und die persönliche Bedeutung greifbar und den Kunden entscheidungsfähig machen. FAIR. ECHT. JETZT.

Für eine Versicherungswelt, die schützt, fairsteht und fairbindet. Für Dich. Für uns alle.

***

»Wow.«

Tom braucht einen Moment, um Luft zu holen. Sein Blick wandert vom Manifest zu Lina, die ihre Hände immer noch auf den Seiten ruhen lässt, als wolle sie verhindern, dass die Worte jemals verblassen. »Das ist es, Lina«, sagt er leise und fast ehrfürchtig. »Genau das ist fairSICHERN. Genau das ist fairKAUFEN. Das ist unsere Bewegung.«

Lina nickt, Tränen stehen in ihren Augen. »Ja«, flüstert sie. »Es ist alles gesagt – und jetzt fängt es erst an.«

NUR STUNDEN SPÄTER ...

Ein Tag vor dem großen ***Fairmittler***-Kongress[19] – dem Tag, an dem die ganze Versicherungswelt für einen Moment stillstehen würde, um zuzuhören. Es ist der erste Kongress dieser Art. Ein Tag vor dem Moment, an dem aus all den Worten, Fairsprechen und Geschichten echte Wirkung werden sollte.

Sie kommen alle. Einer nach dem anderen. Christian Seeger, der Botschafter dieser Bewegung, dessen Stimme wie ein Kompass wirkte, wenn andere den Kurs verloren. Christoph Fernandez Lao, Bernd Helmsauer, Astrid Sander, Domenique Döpke, Karin Gattum-Schwarz, Peter Pietsch, Bastian Kunkel, Leif Karstens, Andreas Rienhoff, Marius Aukamp, Thorsten und Stephan Spilles – jeder mit seiner eigenen Geschichte, seiner eigenen Haltung, seiner eigenen Mission.

Sie sitzen in einem Raum – und doch ist es mehr als nur ein Raum. Es ist ein Knotenpunkt. Ein Moment, an dem jeder fairstand: *Wir sind nicht nur einzelne Personen. Wir sind ein Netzwerk. Wir sind eine Bewegung.*

Und sie wissen, dass morgen – auf dieser Bühne – nicht nur Zahlen präsentiert werden, nicht nur Trends, nicht nur Marktanteile.

---

[19] Fiktiver Kongress

Morgen wird sich zeigen, dass aus zwei Welten – Vermittler und Verbraucher – endlich ein Miteinander wachsen kann.

Die Stimmung ist elektrisierend. Doch es liegt auch eine Schwere im Raum: Die alte Grätsche, die noch immer an der Branche zerrt – Makler gegen Ausschließlichkeit.

Makler vs. Ausschließlichkeitsvermittler

Seit Jahrzehnten streiten Makler und Ausschließlichkeitsvermittler, wer »besser« berät. **Makler**: bieten breite Auswahl, unabhängige Vergleiche, agieren als Kundenanwalt – können aber an Tiefe verlieren. **AO-Vermittler**: kennen ihre Produkte in- und auswendig, haben kurze Wege, oft mehr Service – sind aber an einen Anbieter gebunden. Fazit: Beide haben Stärken, beide haben Schwächen. Die Wahrheit: Es kommt nicht auf den Weg an. Es kommt auf den Menschen an.

Die einfache Lösung: Christian Seeger fasst es so zusammen: »Hört auf, Vertriebswege zu vergleichen. Vergleicht Haltung und Handeln.«

Für Kunden: Frag nicht »Makler oder AO?«, sondern: »Wie begleitest Du mich? Wie klärst Du mich auf? Wie bist Du da, wenn es drauf ankommt?«

Für Vermittler: Frag nicht »Wer hat mehr Anbieter?«, sondern: »Wie kann ich wirklich helfen – mit Klarheit, Fairness, Tiefe?«

Kurz gesagt: *FAIRKAUFT.* heißt: Mensch vor Methode. Fairtrauen vor Weg. Klarheit vor Etikett. **Der beste Vertriebsweg ist Fairtrauen.** Punkt. Noch in dieser Nacht, in diesem Kreis, wurde klar: Dieser ewige Kampf ist nun endlich vorbei.

Christian erhebt sich, schaut in die Runde und sagt mit ruhiger, doch durchdringender Stimme: »Wir werden morgen zeigen, dass es keinen Graben mehr braucht. Kein Gegeneinander, sondern ein Miteinander. Es geht nicht um den Vertriebsweg, sondern um Haltung. Es geht um den Menschen.«

Lina spürt, wie ihr Herz rast. Milo schläft neben ihr, friedlich, als würde er genau wissen: *Alles ist gut. Alles ist im Werden.* Sie hat ihn zu dem Treffen mitgenommen, weil auch er ein wichtiger Teil des Ganzen ist. Tom legt eine Hand auf ihre Schulter. »Morgen wird groß. Morgen zeigen wir, dass *FAIRKAUFT.* nicht nur Papier ist. Sondern ein lebendiger Beweis dafür, dass Haltung verbindet – auch, wenn Wege unterschiedlich sind.«

Draußen gehen die letzten Sonnenstrahlen unter. Drinnen flammt eine Bewegung auf, die hell genug ist, um alles zu erleuchten, was noch unsicher, unklar, unbewegt ist. Und während die Vorbesprechung weiterläuft, Flipcharts gefüllt, letzte Botschaften geschärft und Blicke ausgetauscht werden, denken sie alle dasselbe: *Morgen werden wir nicht nur reden. Morgen werden wir fairBINDEN. Wir werden zeigen, dass diese Branche zu mehr fähig ist, als sie je selbst geglaubt hat. Morgen schreiben wir Geschichte für die Zukunft der Versicherungsbranche.*

Eine gemeinsame Zukunft, die Geschichte schreibt

Am nächsten Tag auf dem Kongress, welcher zu einem der größten und beliebtesten Events der Branche geworden ist, beginnt Christians Vortrag mit diesen Worten:

»Am Ende bleibt eine Wahrheit: Wir können alles geben – unsere Haltung, unser Wissen, unsere Zeit. Wir können zuhören, aufklären, erklären, vergleichen, veranschaulichen. Wir können einen Raum schaffen, in dem Fairtrauen wachsen darf. Wir können fairkaufen, fairsichern, fairmitteln. Aber eines können wir nicht: garantieren, dass der andere Mensch JA sagt. Manchmal entscheidet der Kunde nicht aus Misstrauen, sondern weil zehn Euro weniger gerade wichtiger sind als ein starkes Konzept. Manchmal entscheidet er sich nicht gegen Dich – sondern nur für etwas anderes. Das ist keine persönliche Ablehnung. Das ist eine Entscheidung – und Entscheidungen darf man respektieren.

Und genau das ist Haltung: ein Nein fair zu akzeptieren, statt den Menschen zu bedrängen. Zu sagen: Das ist in Ordnung. Komm gerne wieder, wenn Du Klarheit brauchst. Klar zu bleiben, auch wenn es schwerfällt, loszulassen.

Es gibt keine Garantie im Leben. Nicht auf den besten Preis. Nicht auf die perfekte Leistung. Nicht auf ewige Dankbarkeit. Nicht mal auf fehlerlose Policen – wo Menschen arbeiten, passieren Fehler.

Aber es gibt eine Garantie, die Du gibst: **Deine Zeit. Deine Haltung. Deine Klarheit. Deine Aufrichtigkeit.**

Du kannst nicht garantieren, dass immer alles klappt – aber Du kannst garantieren, dass Du Deinen Teil sauber machst. Dass Du Dich fairwurzelst. Dass Du Deine Prioritäten kennst: Beziehung vor Abschluss. Mensch vor Beitrag. Dass Du Dein Zeitmanagement im Griff hast: Prioritäten setzen, dranbleiben, auch mal Nein sagen – für Dich, für Deine Kunden, für Dein Leben.

Der Mensch bleibt – auch wenn er geht

Wenn ein Kunde geht, geht nur eine Entscheidung. Nicht der Mensch. Wenn Du ihn fair behandelst, ehrlich begleitest und klar bleibst, wird er Dich in Erinnerung behalten. Vielleicht kommt er zurück. Vielleicht erzählt er anderen von Dir. Vielleicht nicht. Aber er wird spüren: Du warst fair. Du warst ehrlich. Du hast ihn nicht gedrängt. Du hast losgelassen. Und das ist der Unterschied zwischen einem Verkäufer und einem Fairmittler.

Deshalb gilt:

Es gibt keine Garantie. Aber es gibt eine Haltung. Es gibt keine Sicherheit, dass alles perfekt läuft. Aber es gibt eine Sicherheit, dass Du Dich selbst nicht verlierst. Am Ende bist Du mehr als Dein Umsatz. Du bist ein Mensch – mit Fairantwortung, Klarheit und Rückgrat. **Wahre Wirkung entsteht nicht durch Druck, sondern durch Fairtrauen.** Und wenn Du einmal das Gefühl hast, Du kommst allein nicht weiter – **bleib fairwurzelt**. Bleib offen. Bleib dran. Herzlich willkommen auf dem ersten ***Fairmittler***-Kongress.

JETZT BIST DU DRAN

HALTE DEINE GEDANKEN FEST. SIE SIND WERTVOLL.

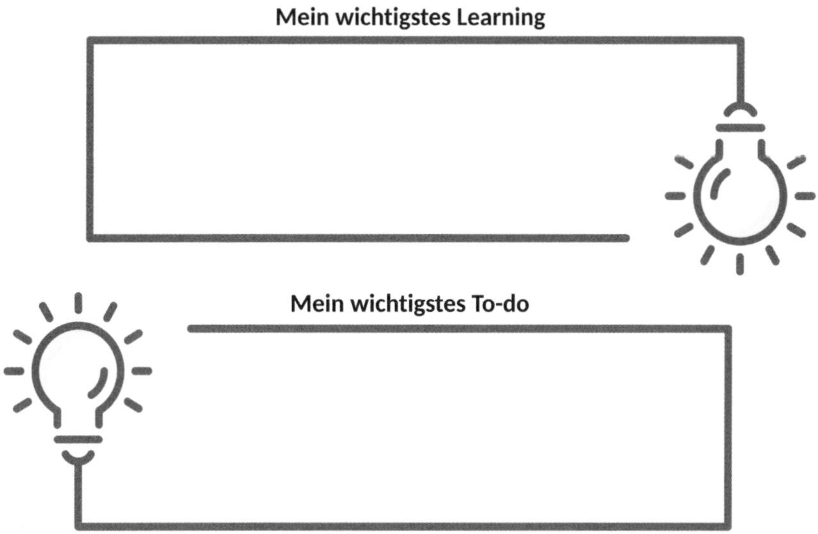

ZUSAMMENFASSUNG AUS ALLEN 11 KAPITELN

HALTE DEINE GEDANKEN FEST. SIE SIND WERTVOLL.

Meine Top-3-Learnings

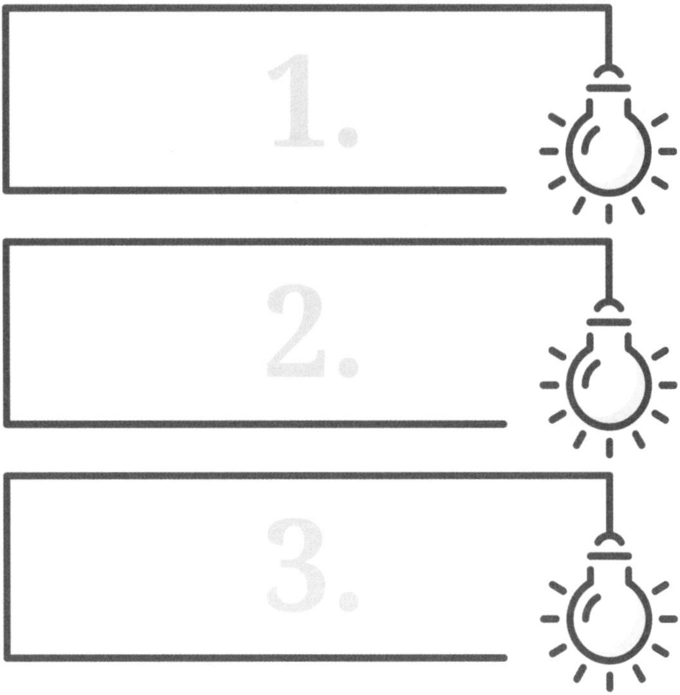

ZUSAMMENFASSUNG AUS ALLEN 11 KAPITELN

HALTE DEINE GEDANKEN FEST. SIE SIND WERTVOLL.

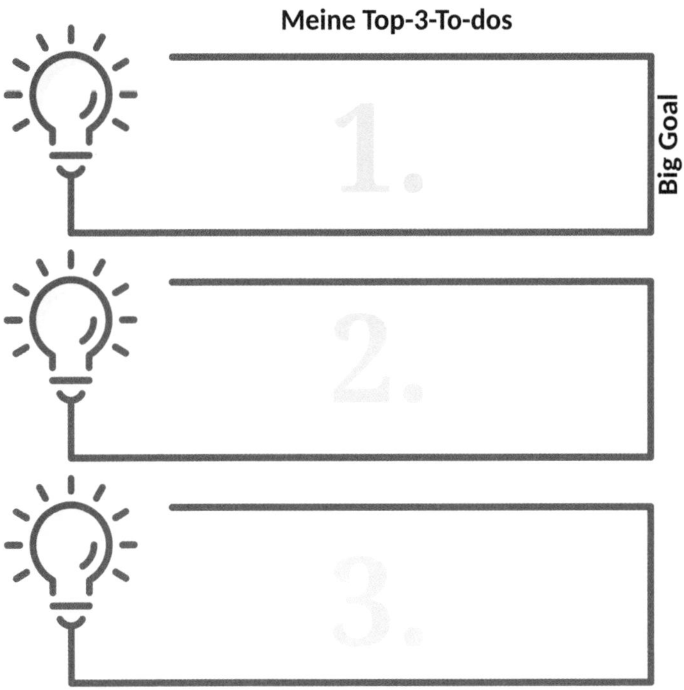

NACHWORT EINES FAIRMITTLERS

Manche Bücher enden. Dieses hier beginnt – in Dir. Wenn Du bis hierhin gelesen hast, dann gehörst Du zu den Menschen, die mehr wollen als Abschlussquoten, schnelle Verkäufe oder Provisionstabellen. Du willst Sinn. Du willst Substanz. Du willst Fairtrauen, das nicht auf Hochglanzprospekten basiert, sondern auf Haltung. Dann darfst Du Dich ab heute mit einem neuen Namen ansprechen lassen: **Fairmittler.**

Was das bedeutet? Dass Du nicht nur Versicherungen anbietest, sondern Orientierung. Dass Du nicht nur verkaufst, sondern Fairantwortung übernimmst.

»Verkauf ist nicht das, was Du tust. Es ist, wer Du bist. Egal, ob Du Makler bist oder im Ausschließlichkeitsvertrieb arbeitest – sei ein Mensch.«

Vergiss all die alten Glaubenssätze, wie:

- »Ich bin kein guter Verkäufer.«
- »Verkaufen ist manipulativ.«
- »Ich bin eh mehr Berater als Verkäufer.«

Bullshit. Du verkaufst Dich jeden Tag. Dein Lächeln. Deine Meinung. Deine Empfehlung. Deine Expertise. Im Gespräch mit Deinen Kindern, Deinen Kunden, Deinen Freunden. Beim ersten Date. Beim letzten Pitch. Im Vorstellungsgespräch. In jedem »Guten Morgen« und in jedem »Ich empfehle Dir ...«

Fairkaufen heißt: **Wirkung entfalten.** Nicht drängen. Nicht manipulieren. Es geht vielmehr darum, sichtbar zu machen, was in Dir steckt. Wirtschaftliche Interessen seitens des Fairkäufers sind doch in Ordnung. Der Kunde hat schließlich auch persönliche Interessen. Somit entsteht für beide eine wirkungsvolle Win-win-Situation. Die wahren Merkmale eines FairmittlerS? Nicht Skripte. Nicht Schlagfertigkeit. Nicht Technik. Sondern:

- **Authentizität** statt Anbiederung
- **Empathie** statt Einwandbehandlung
- **Selbstbewusstsein** statt Selbstverleugnung
- **Kundenorientierung** statt Kundenerziehung
- **Fairlässlichkeit** statt leerer Versprechen
- **Ehrlichkeit** statt Schauspielerei
- **Fairantwortung** statt Rabattdenken

Preis oder Prinzip? Die Frage, die Du Dir stellen darfst Wir leben in einer Welt, in der alles vergleichbar scheint. Aber der Unterschied liegt nicht im Preis. Er liegt in Dir.

- **Billig** ist schnell entschieden – und oft schnell bereut.
- **Günstig** ist durchdacht – und fühlt sich auch morgen noch gut an.
- **Wert** entsteht, wenn Preis, Leistung und Haltung in Balance sind.

Und genau deshalb: **Vergleichbarkeit endet dort, wo Persönlichkeit beginnt.**

KI ODER MI?

Viele Vermittler machen sich große Sorgen, ob sie irgendwann durch eine künstliche Intelligenz (KI) ersetzt werden. Die Antwort ist: Ja und nein. In standardisierten Bereichen wie Telefonie, Schadenregulierung oder einfachen Serviceleistungen – definitiv. Denn hier wird uns die sich ständig wiederholende Arbeit deutlich erleichtert, was uns mehr Zeit für wichtigere Themenfelder einräumt. Dem Menschen. Denn genau hier wird uns die KI nicht ersetzen können. Warum sonst trägt sie im Namen ein Adjektiv namens »künstlich«? Genau deshalb wird es mehr und mehr auf die menschliche Intelligenz (MI) ankommen. Wenn Du erfolgreich sein willst, dann kombiniere beide Seiten. Hör aber bitte auf, Dir einzureden, dass die KI Dich bald ersetzt. Denn dann überlässt Du Dein Leben dem Zufall. Arbeite lieber an Deiner MI, denn das Beziehungsmanagement wird eines der wertvollsten Themen des 21. Jahrhunderts sein.

Beziehung braucht Zeit – und Zeit braucht Priorität.

Ein Fairmittler managt:

- die Beziehung zum Kunden
- die Beziehung zu sich selbst
- seine eigene Zeit

Ein Fairbraucher erkennt:

- Absicherung ist auch Zeitmanagement.
- Es geht nicht nur um Geld – es geht um Zeit, Fairantwortung, Klarheit.

Beziehung ist alles:

- Beziehung zuerst – Abschluss später.
- Beziehung bedeutet: sehen, hören, fairstehen, da sein.
- Beziehungspflege heißt: proaktiv, regelmäßig, ehrlich.

Zeit ist wertvoll:

- Zeit ist kein Zufall – Zeit ist eine Entscheidung.
- Jeder hat 24 Stunden – aber wer sie anders nutzt, erntet andere Früchte.

- Wer keine Zeit für Beziehungen hat,
  hat keine Zeit für Erfolg.
- Zeitmanagement heißt: Prioritäten erkennen
  – und umsetzen.

Beziehung + Zeit = Wirkung:

- Ein Anruf, ein Follow-up, eine kleine Nachfrage schaffen Bindung.
- Nicht anrufen heißt: Ich setze andere Prioritäten.
- Nicht entscheiden heißt: Ich lasse mich treiben.

Für Kunden gilt das genauso:

»Ich überlege noch …« bedeutet oft: »Ich schiebe auf.«

»Ich habe keine Zeit …« heißt oft: »Es ist mir nicht wichtig genug.«

Sicherheit beginnt mit einer klaren Entscheidung – jetzt. Zeit ist keine Ausrede – sie ist eine Entscheidung. Für alle Fairbraucher, die jetzt noch fragen: »Welche Versicherung brauche ich denn eigentlich?«

Wenn Du dieses Buch bis hierher gelesen hast, dann hast Du sicher gemerkt: Es geht hier nicht um Tarife, Zahlen, Paragrafen. Es geht um **Haltung**. Um Deine innere Entscheidung: *Will ich Fairantwortung übernehmen? Will ich Vorsorge wirklich als Selbstfürsorge fairstehen?* Denn: Bevor Du Versicherungen kaufst, solltest Du wissen, warum Du sie brauchst – und ob Du überhaupt bereit bist, Dich ernsthaft darum zu kümmern. Dieses Buch ist Dein Kompass dafür. Es zeigt Dir, wie Du Deine Haltung klarziehst, Dein Fairhalten anpasst – und wie Du Entscheidungen nicht mehr aufschiebst. Aber natürlich kommt danach die Frage: »Welche Versicherung ist die richtige?« Und hier möchte ich Dir einen klaren Tipp geben: Bastian Kunkel – für mich einer der Besten, wenn es darum geht, Versicherungen klar, verständlich und ehrlich zu erklären. Schau Dir unbedingt sein Buch *Total ver(un)sichert* an. Dort findest Du alles, was Du brauchst:

- Was ist wirklich wichtig?
- Welche Versicherungen sind sinnvoll?
- Was kannst Du Dir sparen?
- Was musst Du wissen, um nicht unnötig Geld auszugeben?

Bastian macht das, wofür er steht: Er klärt auf, ohne Panik zu machen. Er zeigt Dir in *YouTube*-Videos, Blogartikeln, Social Media und in seinem Buch ganz genau, was Sache ist. Und das kann er zehntausendmal besser, als ich es je könnte – weil das sein Thema ist. Meine Themen liegen rund um den Schwerpunkt Haltung, das Coaching und Training im Verkauf, die Gesprächsführung und die Agenturentwicklung - von Fairkäufer für Fairkäufer. Meins ist die Haltung. Bastians ist das Handwerk.

Haltung + Wissen = Wirkung. Und genau darum geht es doch am Ende: Sicher fühlen. Sicher sein. Sicher entscheiden. Für Dich. Für Dein Leben. Für Deine Zukunft.

ZUM SCHLUSS - UND ALS ANFANG

Bevor Du dieses Buch schließt, erinnere Dich: Risikobewusstsein ist wie Kälte und Wärme. Jeder spürt es anders – doch wenn der Sturm kommt, wollen wir alle das Gleiche: Schutz. Sicherheit. Vertrauen. Niemand will doppelt zahlen: einmal mit dem Schaden, dann noch mit der finanziellen Lücke.

Du kannst jetzt sagen: »Wird schon gut gehen.« Du kannst das Buch ins Regal stellen – und alles bleibt, wie es war. Oder Du stellst Dir eine Frage: »Was, wenn es nicht gut geht?« Dann wirst Du froh sein, vorgesorgt zu haben. Für Dich, für Deine Liebsten, für Deine Freiheit.

Für Dich als **Fairmittler** heißt das: Brich Dein Vertriebskorsett auf. Sieh die Welt mit den Augen Deiner Kunden. Organisiere Dich, führe, sprich Klartext. Deine Haltung ist Dein Kompass. Dein Verhalten, Dein Werkzeug. Dein Tun ist die Ursache – die Wirkung erlebst Du später.

Für Dich als **Fairbraucher** heißt das: Hör auf, zu interpretieren, zu verdrängen, zu vermeiden. Mach Dir Dein eigenes Bild – mit echten Gesprächen, klarer Haltung und dem Mut, Verantwortung zu übernehmen. Für beide Seiten heißt das: **Einfach MACHEN.** Im doppelten Sinne.

Dieses Buch ist anders. Es ist keine Theorie. Kein Ratgeber mit Checklisten. Es ist ein Weckruf, eine Einladung, Deine Haltung zu überprüfen – und sie zu leben. **Du hast hier zehn Fairmittler kennengelernt: Profis mit Herz, Haltung und Fairstand. Menschen, die zeigen: Fairkauf darf sich gut anfühlen – fair, klar, menschlich. Wenn Dich einer anspricht – geh den ersten Schritt. Ruf an, schreib, scanne den QR-Code auf dem Porträt des Fairmittlers.** Deine Entscheidung von heute ist Dein Schutz von morgen.

Wenn Du als Fairmittler spürst: »Da geht mehr« – dann lass uns sprechen. Ich reiche Dir die Hand. Kein Tschakka. Kein Lautsprecher. Echte Praxis. Echte Haltung. Echte Wirkung. Scanne den QR-Code auf der nächsten Seite. Hol Dir Deinen Kompass. Stell ihn um – um nur 0,1 Grad – und Du wirst sehen: Dein Ziel wird ein anderes sein. Denn: Vorsorge ist Selbstfürsorge. Deine Haltung ist Dein Fundament. Dein Fairhalten die Ursache. Die Wirkung ist Dein Leben – und das Leben der Menschen, die Dir vertrauen.

Jetzt liegt es bei Dir: Wirst Du Fairursacher Deiner Zukunft? Oder bleibst Du Ausredenerfinder Deiner Vergangenheit? Alles beginnt bei Dir. Dein Fairhalten entscheidet. Du hast die Wahl. Für Dich. Für Deine Familie. Für uns alle. **FAIR. ECHT. JETZT.** Einfairstanden?

DANKE, dass Du Teil dieser Bewegung bist. DANKE, dass Du begonnen hast. DANKE, dass Du nicht nur liest, sondern MACHST. Bis bald.

DEIN CHRISTIAN

ForwardVerlag